THE BEATLES
Complete

Wise Publications
London/New York/Sydney

Exclusive distributors:
Music Sales Limited
8/9 Frith Street
London W1V 5TZ
England
Music Sales Australia
120 Rothschild Avenue
Rosebery NSW 2018
Australia

contents

introduction

THE BEATLES have been part of our lives for almost a decade. We've grown up and grown older with them; we've followed their fashions, relished their extravagances, pried through the media into their private lives, and stood on the sidelines recently as sympathetic non combatant observers watching them fall out and grow away from each other. They've fascinated us in a different way from that of any comparable entertainment attraction, the universal charisma in which they are bathed being more similar to that belonging to the most popular members of a royal family. And like a royal family, the Beatles have been public property – ours to worship ridicule, love and hate. In another sense the Beatles have been almost like close and old friends to a whole generation of young people – the make-believe companions of the highlights of their lives, the reassuring continuing factor by which they measure their recent past.

The image of the Beatles has been projected into a whole canopy of activities – from the absurd SWINGING LONDON fiction to the cult of asinine whimsy that produced transcendental meditation for suburbia – but, wide though their more serious social repercussions may have been, it has always remained their dazzlingly versatile music that has elevated them so far above the commonplace. Ever since the madness of the hysterical year 1963–64, their music has been with us, a perpetual lyrical accompaniment to the tempo of the sixties. In as much as the Beatles' appeal has stretched to so many diverse kinds of people and across such a broad spectrum of a multitude of societies, it is clear they are folk artists extraordinary. How isolated must be the young person who has managed to remain unfamiliar with their work, who, at some time, has not considered his own situations in the terms of some line or other from a Lennon and McCartney song lyric, and who has not been perplexed and diverted by tapestries that those lyrics have woven for him?

THE BEATLES have been the dream weavers of our generation. For so long they have been the intoxicators of a whole life style, not just because of their own seemingly unbounded creativity, but also because of us. Heroes don't develop in a vacuum and the Beatles didn't become a worldwide fascination without our help. We, the people who read newspapers, buy records, and watch television, wanted to be diverted and the Beatles captured perfectly the mood of the generation and put it to music. One cannot overlook the social relevance of the Beatles, not because they took any particularly novel stands or because they started any great movements (they didn't), but more simply because they related so closely to the fashions of the day. The Beatles mirrored exactly a society that, while busy pulling down some selected barriers, remained keenly aware of its own origins; the Beatles were to perfection working-class heroes, conservative while still so brash, pioneers who introduced surrealism in a culture previously dominated by kitsch and who flouted Tin Pan Alley by writing and singing in the basic language of their contemporaries in everyday life.

RECENTLY WHEN I asked John Lennon what he thought were the ingredients which made up the Beatles' sound he couldn't really answer. The truth is that while in 1963 one might with some reason have been able to point to a certain use of harmonica, to the particular harmoney that John and Paul sang in, and said, "That is the Beatle sound," as they developed there really was nothing singly identifiable. Beatle albums came more like multi-sorted variety shows offering a little of very many

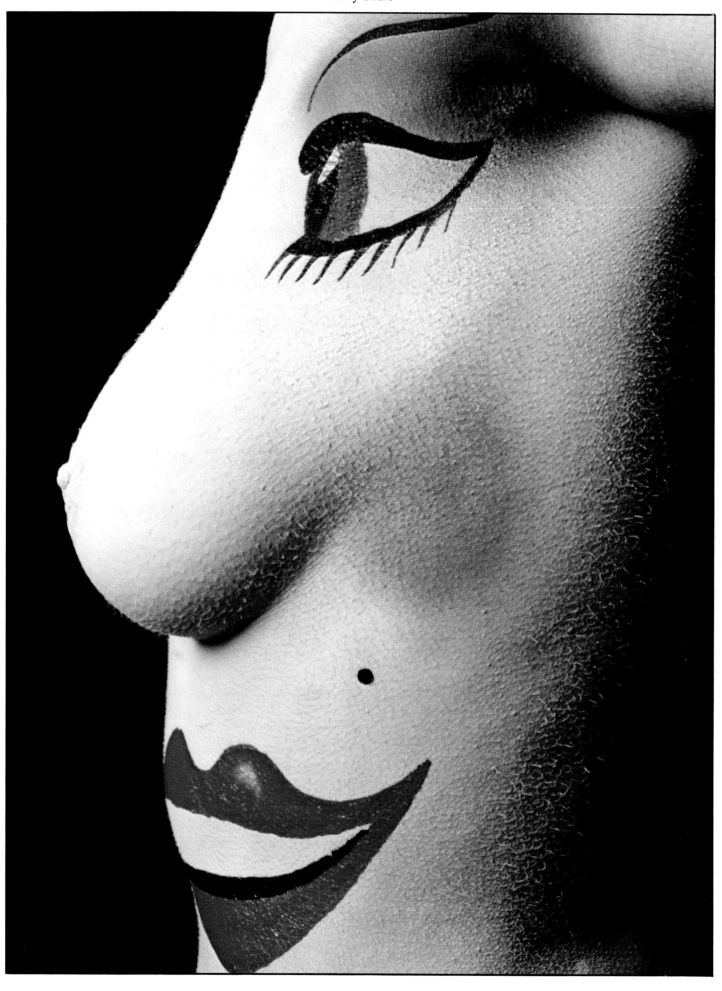

different kinds of music: simple rock and roll, pastiches of "goodtime-twenties" style songs from Paul, psychedelic brainstormers from John, love songs, parodies, folk songs, tongue-in-cheek dollops of schmaltz, country and western ballads, contemporary blues or surfing satires, touches of Elizabethan romanticism, moments of soaring surrealism, comedy, poignancy, cynicism, wit, sentimentality – occasionally, perhaps, almost whiffs of terror.

THE BEATLES themselves have sadly, in some respects, split up and the Lennon-McCartney song-writing partnership has been ended. But in many ways that partnership was frequently something of a fiction, since it has been many years since John and Paul sat down together regularly to write. In truth, since they stopped touring, most Beatle songs have been very largely written by either John or Paul alone – although the other partner, indeed all of the Beatles, frequently contributed something by way of the odd line or some facet of the arrangement before the song was recorded. But with the gradual disintegration of their relationships even that became rare.

The fans realized very early on that virtually all the songs were sung on the recording by the author (thus Paul's wistful "The Long and Winding Road," and "And I Love Her," "You, never Give Me your Money" and "For no one" and John's surrealistic gobbledegook "She Said, She Said," the spiritual "Across the Universe" and the soulful "I Dig a Pony"), but there are greater differences of content. When Lennon composes he is inclined to write in the first person, while Paul constructs little stories and characters for his songs. John's best works are frequently barefaced personal testimonies, on occasion almost painfully so while Paul, as is his character, still manages to retain a little of himself behind a veil of invention.

THE BEATLES have often been associated with the progressive side of pop music, and for many they have been the standard-bearers of the march into new dimensions of music. But to me that is less than half of their appeal. Surely their songs are better when concerned with their pasts – with the heroes of their childhoods and with a frugal, working-class postwar society. More than a sense of future the Beatles also have a sense of past. In "Polythene Pam," John backtracks to the women of his Liverpool clubland days, while in "Maxwell's Silver Hammer," Paul McCartney has created the black comedy of a nursery rhyme. "Let it Be" was written as a hymn while "Golden Slumbers" even has a traditional title.

WITH THE breakup of the Beatles a whole era of pop culture is ending. Admittedly Lennon, McCartney and George Harrison are continuing to compose their dazzling music, but from now on we're going to have to shift our sights to best appreciate and understand it outside of that magnetically attractive Beatle umbrella.

During the last decade pop music became more than a tawdry little industry governed by the laws of greatest profit. It became the foremost means of expression of poetry in contemporary life: it opened up a colourful world of billowing images; it enhanced the language of the young. For that we can largely thank the Beatles. The partnership may have ended, but their work will be preserved in every home that has a record player.

The dream may be over, but it will not be forgotten . . .

Ray Connolly.

"Often the backing I think of early on never comes off.
With Tomorrow Never Knows I'd imagined in my head
that in the background you would hear thousands of
monks chanting, that was impractical of course, and we did
something different. I should have tried to get near my
original idea, the monks singing, I realise now that was
what it wanted.

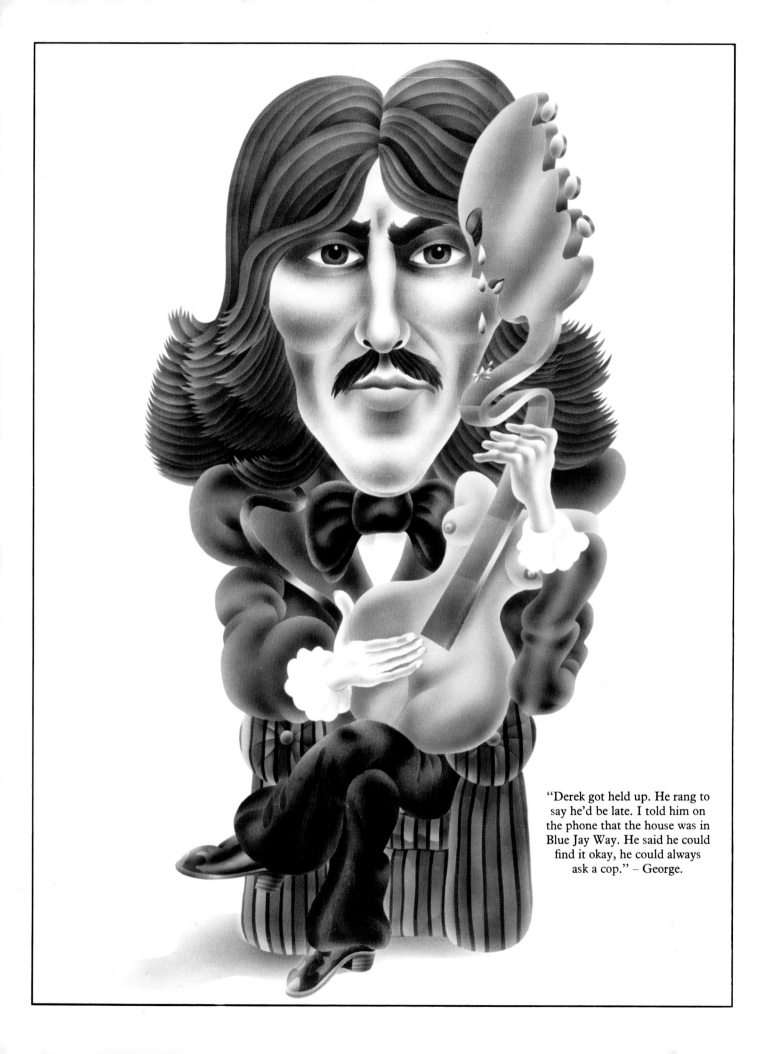

"Derek got held up. He rang to say he'd be late. I told him on the phone that the house was in Blue Jay Way. He said he could find it okay, he could always ask a cop." – George.

"We're going to send two acorns for peace to every world leader from
John and Yoko. Perhaps if they plant them and watch them grow
they may get the idea into their heads." – John

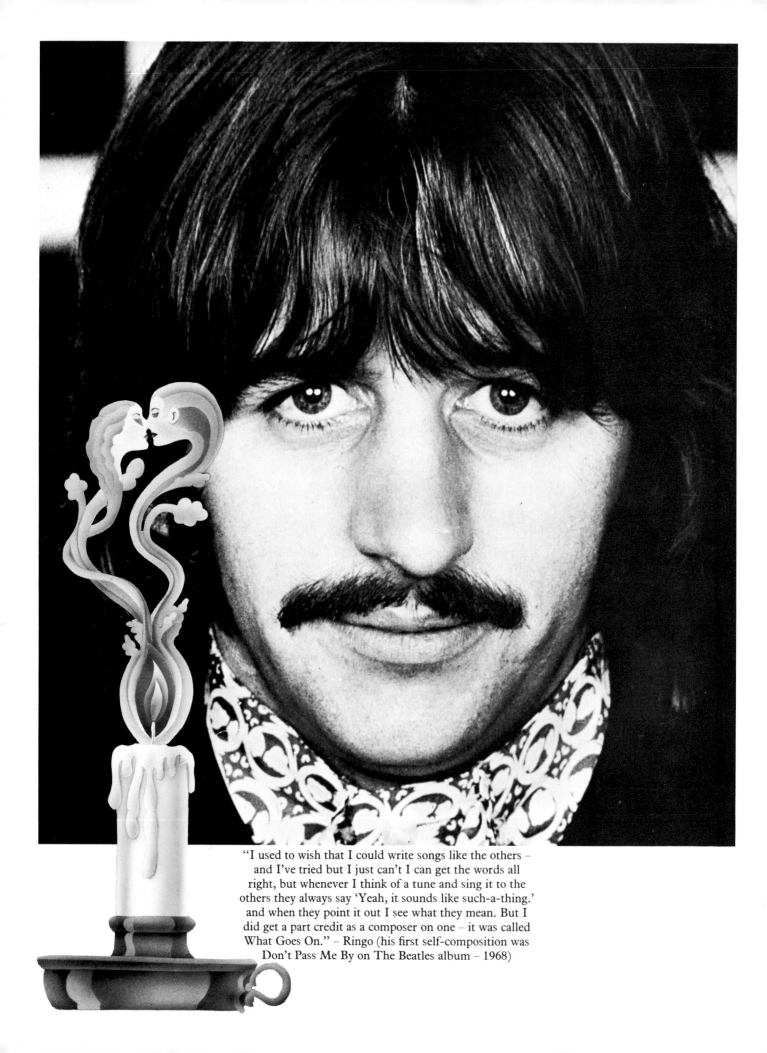

"I used to wish that I could write songs like the others – and I've tried but I just can't I can get the words all right, but whenever I think of a tune and sing it to the others they always say 'Yeah, it sounds like such-a-thing.' and when they point it out I see what they mean. But I did get a part credit as a composer on one – it was called What Goes On." – Ringo (his first self-composition was Don't Pass Me By on The Beatles album – 1968)

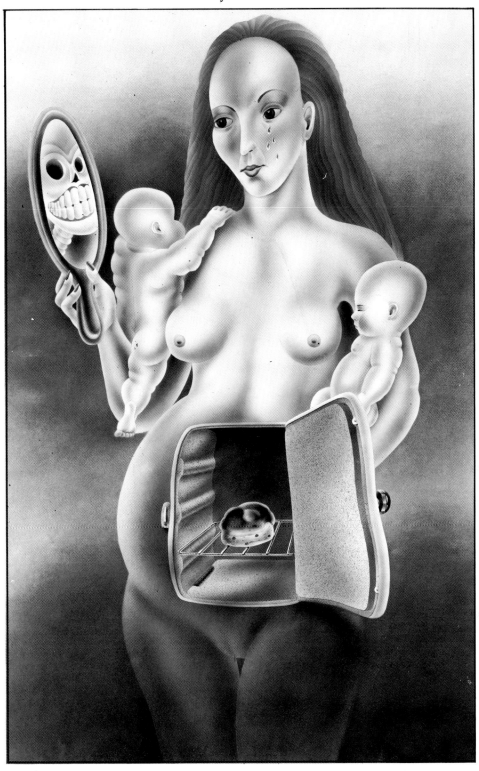

"It was just like Butlins." – Ringo, after returning from
meditating at Rishikesh in the Himalayas.

"Those in the cheaper seats clap. The rest of you rattle your jewellery."
John, at the Royal Variety Performance, November 15, 1963.

"While we were in India they were all making their plans
and I was going to produce Yoko, and I would've been
producing her had we not fallen in love anyway. But it
didn't turn out like that. And now we're together.
Yes, it turned out much better, and it's getting better
all the time . . ."

Get Back "We were sitting in the studio and we made it up out of thin air . . . we started to write words there and then . . . when we finished it, we recorded it at Apple Studios and made it into a song to roller-coast by." – Paul

"I began to write more songs when I had more time, especially when we began to stop touring. Having Indian things so much in my head it was bound to come out."

All I've Got To Do

CHORDS USED IN THIS SONG:

JOHN LENNON and
PAUL McCARTNEY

Am   C   Dm   Fm   F

Moderato

To Coda

D.S. al Coda

Coda

```
     Am /////  /  /   C /  ////  /  /  Am //////  / Dm    /     / /
Whenever I      want you around, yeh,  All I gotta do      is  call you on the phone

      /      /      /  / Fm  /  ///  /////  /  / Am /////  / /   C /    ////
And you'll come running home. Yeh,  that's all I  gotta do.  And when I,     I wanna kiss  you,

  /  /  Am //////   / Dm    /     / /         /      /    / / Fm // / C     ////
All I gotta do      is  whisper in your ear  the words you want to hear  And I'll   be kissing you.

  /      /      F /   /   /    /    /    / /      Am  /  / /    /      /  //
And the same goes for me  whenever  you want me at all.  I'll be here, yes I will,  whenever you call.

   F /   /   /    C / Am /   F  /   /  /    C /////  / / Am /////
You just gotta call on me,    Yeh,  you just gotta call on  me.     And when I,

  / /  C /  ////  / / Am //////  / Dm    /     / /     /     /   / /
I wanna kiss  you,   All I wanna do        is  call you on the phone  and you'll come running home.

     Fm    /   // C  /////  / / Am ///////  C ////
Yeh    that's all I gotta do.  Mm.
```

Across The Universe

JOHN LENNON &
PAUL McCARTNEY

CHORDS USED IN THIS SONG:

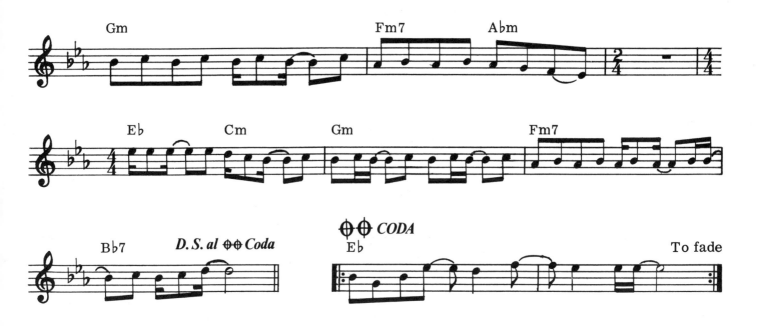

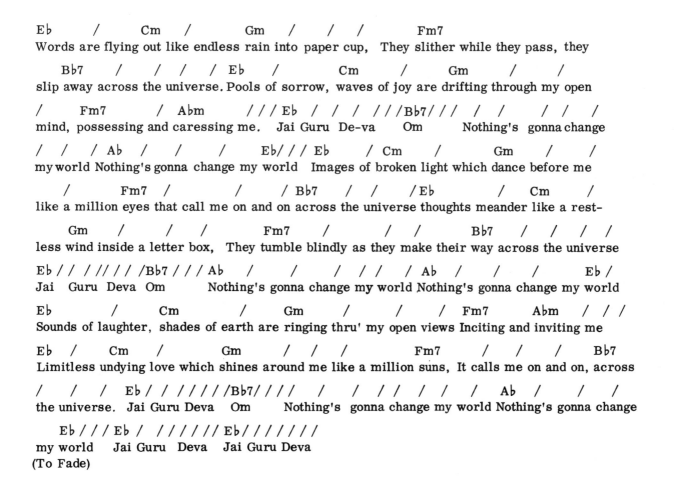

Eb / Cm / Gm / / / Fm7
Words are flying out like endless rain into paper cup, They slither while they pass, they

Bb7 / / / / Eb / Cm / Gm / /
slip away across the universe. Pools of sorrow, waves of joy are drifting through my open

/ Fm7 / Abm ///Eb / / / ///Bb7/// / / / / /
mind, possessing and caressing me. Jai Guru De-va Om Nothing's gonna change

/ / / Ab / / / Eb/// Eb / Cm / Gm / /
my world Nothing's gonna change my world Images of broken light which dance before me

/ Fm7 / / / Bb7 / / /Eb / Cm /
like a million eyes that call me on and on across the universe thoughts meander like a rest-

Gm / / / Fm7 / / / Bb7 / / / /
less wind inside a letter box, They tumble blindly as they make their way across the universe

Eb / / ///// /Bb7 /// Ab / / / // / Ab / / / Eb /
Jai Guru Deva Om Nothing's gonna change my world Nothing's gonna change my world

Eb / Cm / Gm / / / Fm7 Abm ///
Sounds of laughter, shades of earth are ringing thru' my open views Inciting and inviting me

Eb / Cm / Gm / / / Fm7 / / / Bb7
Limitless undying love which shines around me like a million suns, It calls me on and on, across

/ / / Eb / / ///// /Bb7 /// / / / / / / / Ab / / /
the universe. Jai Guru Deva Om Nothing's gonna change my world Nothing's gonna change

Eb /// Eb / / ///// Eb///////
my world Jai Guru Deva Jai Guru Deva
(To Fade)

All My Loving

JOHN LENNON and
PAUL McCARTNEY

CHORDS USED IN THIS SONG:

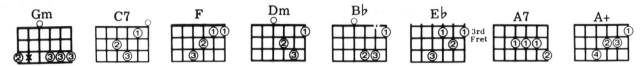

Brightly

Gm / / / C7 / / / F / / / Dm / / / Bb / / / Gm / / / Eb / / / / /
Close your eyes and I'll kiss you, Tomor-row I'll miss you; Remem-ber I'll al-ways be true.

/ / / Gm / / / C7 / / / F / / / Dm / / / Bb / / / C7 / / / F / / / /
And then while I'm away, I'll write home ev'ry day, And I'll send all my loving to you.

/ / / Gm / / / C7 / / / F / / / Dm / / / Bb / / / Gm / / / Eb / / / / /
I'll pretend that I'm kissing the lips I am missing And hope that my dreams will come true.

/ / / Gm / / / C7 / / / F / / / Dm / / / Bb / / / C7 / / / F / / / /
And then while I'm away, I'll write home ev'ry day, And I'll send all my loving to you.

/ / / Dm / / / A7 / A+ / F / / / / / / / / Dm / / / A7 / A+ / F / / / /
All my loving I will send to you. All my loving, darling, I'll be true.

All Together Now

CHORDS USED IN THIS SONG:

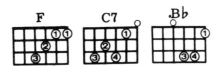

JOHN LENNON and
PAUL McCARTNEY

F / / / / / / / / C7 / / / / / // F / / / / / / C7
One, two, three, four, Can I have a little more? Five, six, seven, eight, nine, ten,

/ / / F //// F / / / / / / / C7 / / / / / / // F / / / / / / C7
I love you.　　A, B, C, D, Can I bring my friend to tea? E, F, G, H, I, J,

/ / / F / / / / Bb / / / / / / // F / / //
I love you.　Bom Bom Bom Bom-pa Bom, Sail the ship, Bom-pa Bom,

/ / / / Bb / / / / / / / // C7 / / / / / // //// ////
Chop the tree, Bom-pa Bom, Skip the rope, Bom-pa Bom, Look at me.

F / / / / // //// / / / / / // // C7 / / / // // F / / / ////
All togeth-er now, All togeth-er now, All togeth-er now, All togeth-er now.

F / / / / //// / / / / //// C7 / / / //// C7 / / / / / / F ////
All togeth-er now, All togeth-er now, All togeth-er now, All to-geth-er now.

All You Need Is Love

JOHN LENNON and
PAUL McCARTNEY

CHORDS USED IN THIS SONG:

G / D / Em // G / D / Em // D7 / G / D7 /////////
Love, love, love, love, love, love, love, love, love.
G   /   D   / Em // G /   D   /   Em //
    There's nothing you can do that can't be done,   Nothing you can sing that can't be sung,
D7   /   G   /   D7   ///   ///////
    Nothing you can say, but you can learn how to play the game. It's easy.
G   /   D   / Em // G /   D   /   Em //
    There's nothing you can make that can't be made,   No one you can save that can't be saved,
D7   /   G   /   D7   ///   ///////
    Nothing you can do, but you can learn how to be you in time. It's easy.
G /   Am7 / D7 /// G /   Am7 / D7 /// G /   B7 / Em / G /
    All you need is love,   All you need is love.   All you need is love, love,
C /   D7   C   G /// G /   Am7 / D7 /// G /   Am7 / D7 ///
    That is all you need, love.   All you need is love,   All you need is love.
G /   B7 / Em /   G / C /   D7   C   G ///
    All you need is love, love,   That is all you need, love.
G   /   D   / Em // G /   D   /   Em //
    There's nothing you can know that isn't known,   Nothing you can see that isn't shown,
D7   /   G   /   D7   ///   ///////
    Nowhere you can be that isn't where you're meant to be. It's easy.
G /   Am7 / D7 /// G /   Am7 / D7 /// G /   B7 / Em /   G /
    All you need is love,   All you need is love,   All you need is love, love,
C /   D7   C   G /// G /   Am7 / D7 /// G /   Am7 / D7 ///
    That is all you need, love.   All you need is love,   All you need is love.
G /   B7 / Em /   G / C /   D7   C   G ///
    All you need is love, love,   That is all you need, love.

And I Love Her

JOHN LENNON and
PAUL McCARTNEY

CHORDS USED IN THIS SONG:

Fm / / / Cm / // Fm / / / Cm /// Fm / / / Cm / //
I give her all my love,   that's all I do;   And if you saw my love,

Ab / / / Bb7 /// Eb / // //// Fm / / / Cm / //
You'd love her too,   I love her.   She gives me ev'ry-thing,

Fm / / / Cm /// Fm / / / Cm / // Ab / / / Bb7 //
And tenderly;   The kiss my lover brings,   She brings to me,

/ Eb / // //// Cm / / / Gm /// Cm / / / Gm ///
And I love her,   A love like ours   could never die

Cm / / / Gm / / / Bb7 /// //// Fm / / / Cm / //
As long as I have you near me.   Bright are the stars that shine,

Fm / / / Cm /// Fm / / / Cm / // Ab / / / Bb7 //
Dark in the sky;   I know this love of mine   will never die,

/ Eb / / / / / /
And I love her.

And Your Bird Can Sing

JOHN LENNON and
PAUL McCARTNEY

CHORDS USED IN THIS SONG:

C / / / / / / / / / / / / / /
You tell me that you've got ev'rything you want   and your bird can sing, but you don't

Dm7 / / / / /   / / C / / / / / / / C / / / / / / /
get me,   You don't get   me!   You say you've seen seven wonders

/ / / / / / / / Dm7 / / / / / / / C / / / / / /
and your bird is green, but you can't see me,   You can't see   me!

Em / / / B7 / / /Em7 / / / Em6 / / /C / / /Dm7 / /
When your prized possessions,   start to tear you down,   look in my direction,

/ / / / / G7 / / /Em / / / B7 / / /Em7 / / /
I'll be 'round,   I'll be 'round.   When your bird is broken,   will it bring you

Em6 / / /C / / /Dm7/ / / / / / / G7 / / /
down?   You may be awoken,   I'll be 'round,   I'll be 'round.   You

C / / / / / / / / / / / / / / / / /
tell me that you've heard ev'ry sound there is   and your bird can sing but you can't hear

Dm7 / / / / /   / / C / / / / / / /
me,   You can't hear   me!

Another Girl

JOHN LENNON and
PAUL McCARTNEY

CHORDS USED IN THIS SONG:

For I have got   another girl,   another girl. You're mak-ing me say that I've got
nobod-y but you,   But as from today, well I've got   somebod-y that's new.
I ain't no fool and I don't take what I don't want, For I have got   another girl,
Another girl. She's sweet-er than all the girls and I've met quite a few.
Nobod-y in all the world can do what she can do.   And so I'm telling you, this time
You'd bet-ter stop, For I have got   another girl,   another girl
Who will love   me till the end.   Through thick and thin   she will al- ways be my friend.
I don't wanna say that I've been   unhap-py with you,   But as from today,
Well I've seen   somebod-y that's new.   I ain't no fool and I don't take what I don't want,
For I have got   another girl.   another girl.

Another Day

CHORDS USED IN THIS SONG:

"Mr. & Mrs. McCARTNEY"

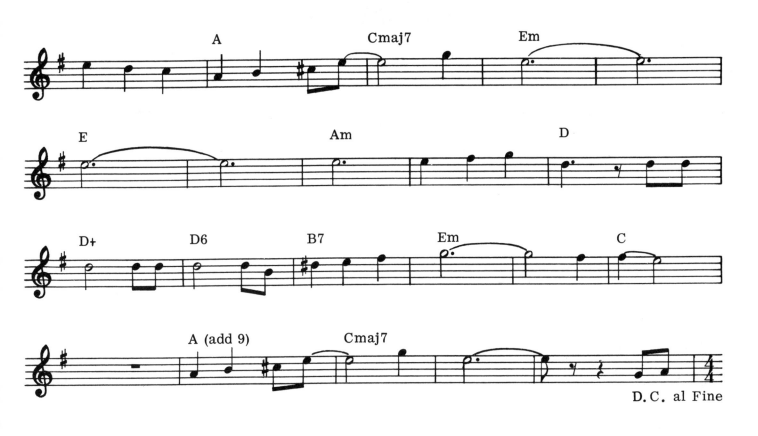

D.C. al Fine

```
        G    /     /     /        B7  /  /  /Em      /      /      /
Ev'ry day she takes a morning bath, she wets her hair Wraps a towel around her as she's

Am    /    /    /         /   /    D  / G /// C      /   G  /   C  /   G
heading for the bedroom chair It's just another  day.      Slipping into stockings, stepping into

 /   C  /   G  /      A ///////D  /  /  / G///        G
shoes.  Dipping in the pocket of her raincoat.      It's just another day    At the office

 /      /      /      B7  /  /  / Em      /      /      /    Am   /  /  /
where the papers grow she takes a break.  Drinks another coffee and she finds it hard to stay

 /     /    / D      G /// Am /  /  /  /  /  D  /  /  /  G  / /E7 / Am
awake,  It's just another day.      Du Du Du Du Du Du  It's just another day  Du Du Du Du Du

 /      D   /   G  ///G/D/Em//////  /Em/////  /Cmaj9/////  /A      /
It's just another day.            So sad       So sad         Sometimes

/ Cmaj7 // Em ///// Em     /    /    /      /    /  C maj7 //  /      /  / A
she feels so sad       Alone in her apartment she'd dwell   Till the man of her dreams

 /     / Cmaj7 // Em ////// E ///// Am //   /    /    / D  /  / D-   /  /
comes to break the spell     Ah————————Stay  Don't stand her up and he comes and he

Db   /  /  B7   /    /  Em // /Em //  C /////  A(add 9) / / Cmaj7/ / Em ///////
stays but he leaves the next day       So sad       Sometimes she feels so sad

      G     /    /    /     B7  /  / Em     /     /     /      Am    /
As she posts another letter to the sound of five People  gather round her and she finds it hard

   /   /   /   /   D  / G /// Am  /   /   /  D  /  /  /   G /  / /E7/
to stay alive It's just another day       Du Du   Du  Du  Du  It's just another day Du Du Du

 / Am  /  D   D   / G/// F /// C /// G.
Du Du  It's just another day
```

Any Time At All

JOHN LENNON and
PAUL McCARTNEY

CHORDS USED IN THIS SONG:

Gm /// Bb / / / F /// // / / Gm / / / Eb / F7 / Bb ///

Anytime at all,   Anytime at all,   Anytime at all, All you've gotta do is call and I'll be there.

///// / / / Dm / // Gm / / / Ebm /// Bb / // F7 / / / Bb

If you need somebody to love,   Just look into my eyes,   I'll be there   to make you feel right.

/ / / Dm / // Gm / / / Ebm /// Bb / // F7 / / / Bb ///// //

If you're feeling sorry and sad,   I'd really sympathize.   Don't you be sad, just call me tonight.

/ / Gm /// Bb / / / F /// // / / Gm / / / Eb / F7 / Bb ///

Anytime at all,   anytime at all,   anytime at all, All you've gotta do is call and I'll be there.

///// / / / Dm / // Gm / / / Ebm /// Bb / // F7 // / Bb

If the sun has faded away,   I'll try to make it shine,   There's no - thing I   won't do.

/ / / Dm / / / Gm / / / Ebm /// Bb / // F7 / / / Bb ///

If you need a shoulder to cry on   I hope it will be mine.   Call me tonight,   and I'll come to you.

Bb / / / Gm /// Bb / / / F /// // / / Gm / / / Eb /

Anytime at all,   anytime at all,   anytime at all, All you've gotta do is call

F7 / Bb /// Bb / / / Gm / / / Eb / F7 / Bb /// //

And I'll be there.   Anytime at all, All you've gotta do is call and I'll be there.

Baby Your A Rich Man

JOHN LENNON and
PAUL McCARTNEY

CHORDS USED IN THIS SONG:

Moderato

C / / F / / / C7 /// / / / / / /// B♭ / C7
How does it feel to be one of the beau-tiful people,   now that you know who you are.   What do you want

/ F /// C7 / / / / /// B♭ / C7 / F /// C / / /
To be,   and have you trav-elled very far,   far as the eye   can see?   How does it feel to be

F / / / C7 /// / / / / / /// B♭ / C7 / F ///
One of the beau-tiful people,   how often have you been there?   Often enough   to know,

C7 / / / / /// B♭ / C7 / F /// C / / /
What did you see when you were there,   nothing that does - n't show.   Baby you're a rich man,

F / / / / C / / / F /// F♯dim / C7 / F / /
Baby you're a rich man, Baby you're a rich man too.   You keep all your money in a big brown bag

/ C7 // / F /// C / / / / F / / / / C / / / / F///
Inside a zoo,   what a thing to do   Baby you're a rich man, Baby you're a rich man, Baby you're a rich man too.

Baby's In Black

CHORDS USED IN THIS SONG:

JOHN LENNON and
PAUL McCARTNEY

Slowly, with a steady beat

F / C7 / Bb7 / C7 / F Bb7 F C7
Oh dear what can I do, Baby's in black and I'm feeling blue, Tell me oh what can I do?

F / / / F7 / Bb / / / F C7 F ///
She thinks of him and so she dresses in black. And though he'll never come back, she's dressed in black.

F / C7 / Bb7 / C7 / F Bb7 F C7
Oh dear what can I do, Baby's in black and I'm feeling blue, Tell me oh what can I do?

F / / / F7 / Bb / / / F C7 F ///
I think of her but she thinks only of him. And though it's only a whim, she thinks of him.

Dm7 / G7 / Bb / C7 / F / C7 /
Oh, how long will it take till she sees the mistake she has made, dear what can I do,

Bb7 / C7 / F Bb7 F C7
Baby's in black and I'm feeling blue, Tell me oh what can I do?

F / / / F7 / Bb / / / F C7 F ///
She thinks of him and so she dresses in black. And though he'll never come back, she's dressed in black.

F / C7 / Bb7 / C7 / F Bb7 F Bb F ///
Oh dear what can I do, Baby's in black and I'm feeling blue, Tell me Oh what can I do?

Back In The USSR

JOHN LENNON and
PAUL McCARTNEY

CHORDS USED IN THIS SONG:

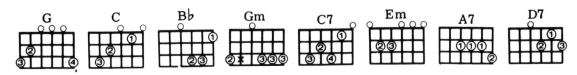

G / / / C / // Bb / / / C ///
Flew in from Miami Beach B. O. A. C., Didn't get to bed last night,
Gm / / / C / // Bb / / / C / / / G
On the way the paper bag was on my knee, Man, I had a dreadful flight, I'm back in the U. S. S. R.
/// Bb / / / C7 / / / / / / G ///
You don't know how lucky you are boy, Back in the U. S. S. R.
G / / / C / // Bb / / / C ///
Been away so long I hardly knew the place, Gee it's good to be back home,
Gm / / / C / // Bb / / / C / / / G
Leave it 'til tomorrow to unpack my case, Honey disconnect the phone, I'm back in the U. S. S. R
/// Bb / / / C7 / / / / / / G/// C / /
You don't know how lucky you are boy, Back in the U. S. S. R. Well the Ukraine girls
/ C7 / // G / / / /// C / Em / Gm /
Really knock me out, They leave the west behind And Moscow girls make me sing and shout
A7 / D7 / / / / C7 / / G/// D7 ///
That Georgia's always on my mi-mi - mi-mi-mi-mi-mi-mi-mind.
G / / / C / // Bb / // C ///
Show me 'round your snow peaked mountains 'way down south, Take me to your Daddy's farm,
Gm / / / C / // Bb / / / C
Let me hear your balalaikas ringing out, Come and keep your comrade warm,
/ / / G /// Bb / / / C7// / / / G //
I'm back in the U. S. S. R. You don't know how lucky you are boy, Back in the U. S. S. R.

The Ballad Of John And Yoko

JOHN LENNON and
PAUL McCARTNEY

CHORDS USED IN THIS SONG:

Moderato

C / / / / /// / / / / //// C7 / / /
Standing in the dock at Southamp-ton   trying to get to Holland or France.   The man in the "mac"
/ / / / / / / / / / /
Said, "You've got to go back,   you know they didn't even give us a chance."   Christ
/ / F //// / C /// // / G7 / //
You know it ain't easy,   You know how hard it can be.   The way things are go - ing.
NC C /// C /// C / / / /// /
They're gonna crucify me.   Fin'lly made the plane into Par - is,   Honeymooning
/ / / //// C7 / / / / /
Down by the Seine.   Peter Brown called to say, "You can make it O. K.   You can get married in
/ / / / / / F //// / C ///
Gibraltar near Spain." Christ! You know it ain't easy,   You know how hard it can be.
// / / G7 / // NC C /// C /// F /
The way things are go - ing,   They're gonna crucify me.   Saving up your money
/ / / // / / / / /// / / /
For a rainy day,   giving all your clothes to charity.   Last night the wife said,
/ / / / / G7 / / / / ///
Oh boy,   when you're dead you don't take nothing with you but your soul.
C / / / / /// / / / //// C7 / / /
Caught the early plane back to Lon-don,   fifty acorns tied in a sack.   The men from the press
/ / / // / / / / / / / / F ///
Said, "We wish you success,   it's good to have the both of you back." Christ! You know it ain't easy,
/ / / / C //// / / G7 / / / NC C /// ////
You know how hard it can be.   The way things are go - ing,   They're gonna crucify me.

Because

CHORDS USED IN THIS SONG:

JOHN LENNON and
PAUL McCARTNEY

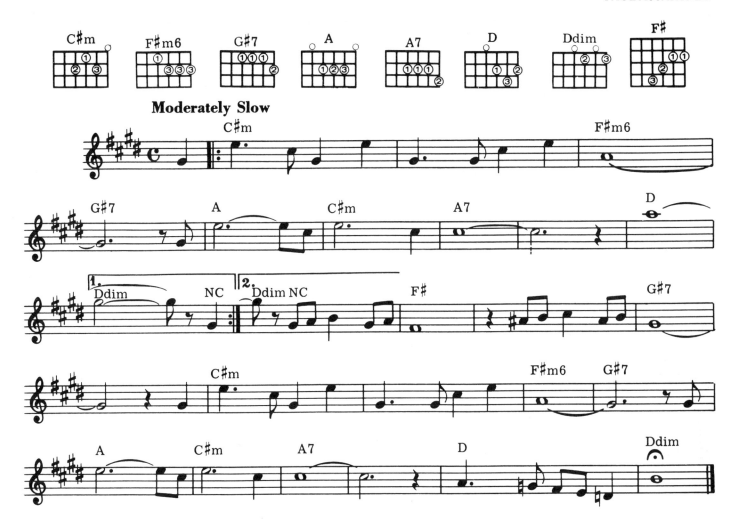

Moderately Slow

C#m / / / / / / F#m6 /// G#7 /// A /// C#m // / A7 /// ////
Because the world is round, it turns me on; Because the world is round.

D /// D dim // / C#m / / / / / / F#m6 /// G#7 /// A /// C#m // / A7 ///
Ah. Because the wind is high, it blows my mind; Because the wind is high.

//// D /// Ddim / / / F# //// / / / G#7 /// /// / C#m/ / / /
Ah. Love is old, love is new; Love is all, love is you. Because the sky is blue,

/ / F#m6 /// G#7 /// A /// C#m // / A7 /// //// D /// Ddim ///
It makes me cry. Because the sky is blue. Ah.

Being For The Benefit Of Mr. Kite

JOHN LENNON and
PAUL McCARTNEY

CHORDS USED IN THIS SONG:

Cm / / / Bb / / / G7 / / / / / / Cm / /
For the benefit of Mister Kite there will be a show tonight on trampoline.   The Hendersons will all

/ Bb / / / A7 / / / Dm / / / Bb /
be there late of Pablo Fanques fair, what a scene: Over men and horses hoops and garters lastly through

A7 / Dm / / Bb / A7 / Dm / / / Gm / A7 / Dm / G7 /
a hogs head of real fire.   In this way Mister K. will challenge the world.

Cm / / / Bb / / / G7 / / / / / / Cm / /
The celebrated Mister K. performs his feat on Saturday at Bishopsgate.   The Hendersons will dance

/ Bb / / / A7 / / / Dm / / /
and sing as Mister Kite flies through the ring don't be late.   Messrs K. and H. assure the public

Bb / A7 / Dm / / / Bb / A7 / Dm / G7 / Cm
their production will be second to none.   And of course Henry the horse dances the waltz.   The band

/ / / Bb / / / G7 / / / / / Cm / /
begins at ten to six when Mister K. performs his tricks without a sound.   And Mister H. will demonstrate

Bb / / / A7 / / / Dm / / / Bb / /
ten somersets he'll undertake on solid ground.   Having been some days in preparation a splendid time is

A7 / Dm / / / Bb / A7 / Dm / Bb / Dm / / /
guaranteed for all.   And tonight Mister Kite is topping the bill.

© Copyright 1967 for the World by NORTHERN SONGS LIMITED

Birthday

JOHN LENNON and
PAUL McCARTNEY

CHORDS USED IN THIS SONG:

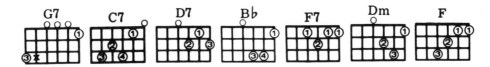

Moderately Bright

```
G7 / / /      /      /      /    / / / / /      /      /      /      / C7 / / /
        You say it's your birthday,         It's my birthday too,   yeah.
        /      /      /   / G7 / / /      /      /      /    / D7 / / /
They say it's your birth-day,         We're gonna have a good time.
     C7      /      /   / G7 / /  /    /    /    / G7 / / /
I'm glad it's your birth-day.   Happy birthday to  you.
     /      /      /   / / / / /      /      /      /    / C7 / / /
You say it's your birth-day,         It's my birthday too,   yeah.
        /      /      /   / G7 / / /      /      /      /    / D7 / / /
They say it's your birth-day,         We're gonna have a good time.
     C7      /      /   / G7 / /  /    /    /    / G7 / / /
I'm glad it's your birth-day.   Happy birthday to  you.
D7     /      /      /    /  /    /    / / /    /      /      /  / /    /    /
        Yes, we're going to a party, par-ty,   Yes, we're going to a party, par-ty,
/ /    /      /    /  /    /    / / /    /    / Bb / / /         F7    /    /    / /
        Yes, we're going to a party, par-ty.        I would like you to dance,
Bb / /  /      F7    / / / Bb / / /      F7      /      / / Bb / / /   Dm / / / F / /
        Take a chance,        I would like you to dance,        Dance.
```

Blackbird

JOHN LENNON and
PAUL McCARTNEY

CHORDS USED IN THIS SONG:

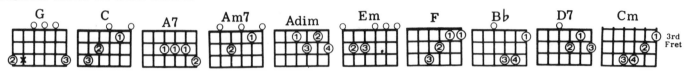

G   /   C   /   G   ///   /   A7   Am7   Adim   Em / Cm /
Blackbird singing in the dead of night,   Take these broken wings and learn to fly.

G A7   C / Cm /   G   /   A7   /   C   D7   G ///
All your life,   You were only waiting for this moment to arise.

G   /   C   /   G   ///   /   A7   Am7   Adim   Em / Cm /
Blackbird singing in the dead of night,   Take these sunken eyes and learn to see.

G A7   C / Cm /   G   /   A7   /   C   D7   G /// F / / Bb / C /
All your life,   You were only waiting for this moment to be free.   Black-bird, fly.

F / / Bb / A7 /   D7 /   /   /   G / C / G / C / G //
Black-bird fly   into the light of a dark, black night.

Blue Jay Way

CHORDS USED IN THIS SONG:

GEORGE HARRISON

(tacet)   C /// Cdim /   /   /   C /// Cdim /   /   /
There's a fog up on L. A.,   And my friends have lost their way.   We'll be over soon they

C   /// Cdim /   /   /   C /// C / /   ///   //   /   / /
said,   Now they've lost themselves instead.   Please don't be   long,   Please don't you

/ / /   //   / / / / /// / / /   //// (tacet)   C   /// Cdim /
be very long.   Please don't be long   or I may be asleep.   Well it only goes to show,   And

/   /   C /// Cdim /   /   /   C /// Cdim /   /   /   C
I told them where to go.   Ask a p'liceman on the street,   There's so many there to meet.

/// C / /   / / //   / ///   /   /   /   / / ///   /   / /   / // / //
Please don't be long,   Please don't you be very long.   Please don't be long   or I may be asleep.

//// (tacet)   C   /// C dim /   /   /   C /// Cdim /   /   /
Now it's past my bed I know,   And I'd really like to go.   Soon will be the break of

C   /// Cdim /   /   /   C /// C / /   /// /   //   /   /
day,   Sitting here in Blue Jay Way.   Please don't be   long,   Please don't you be very long.

/   /   /   /   //// / /   /   /C / /   / //   /   /   / /   / / /
Please don't be long   or I may be asleep.   Please don't be   long   Please don't you be very long.

// /   /   /   / /// /   ///   /// /   / / /   / ///
Please don't be long   or I may be asleep.   Don't be   long,   don't be long.

Can't Buy Me Love

CHORDS USED IN THIS SONG:

JOHN LENNON and
PAUL McCARTNEY

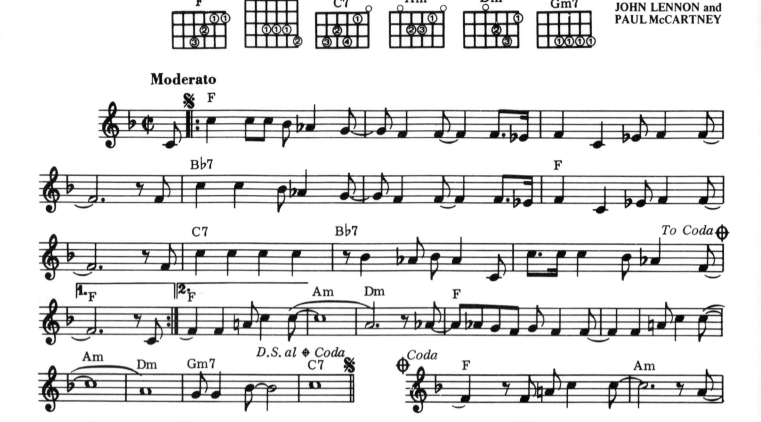

Moderato

I'll buy you a diamond ring, my friend, If it makes you feel all right.
I'll get you any-thing, my friend, If it makes you feel all right,
For I don't care too much for money, For money can't buy me love.
I'll give you all I've got to give If you say you love me, too.
I may not have a lot to give, But what I've got I'll give to you,
For I don't care too much for money, For money can't buy me love.
Can't buy me love, Ev - 'rybody tells me so.
Can't buy me love, No, no, no, no!
Say you don't need no dia-mond ring And I'll be satis-fied.
Tell me that you want those kind of things That money just can't buy,
For I don't care too much for money, For money can't buy me love.
Can't buy me love, love, Can't buy me love!

Carry That Weight

CHORDS USED IN THIS SONG:

JOHN LENNON and
PAUL McCARTNEY

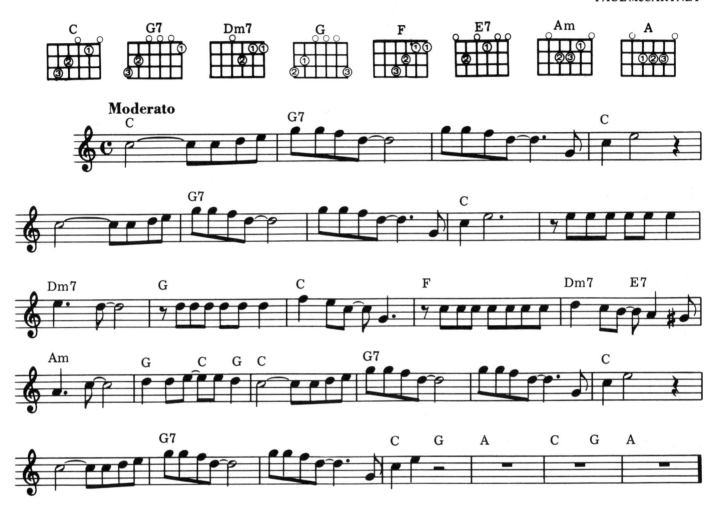

C //   / G7 /   // /   // C /   // / //   /
Boy,   you're gonna carry that weight, Carry that weight   a long time.   Boy   you're gonna

G7   /   // /   /   // C   / /// /   /   / Dm7 / //
Carry that weight,   Carry that weight   a long time.   I never give you my pil - low,

G /   /   / C / /   /F /   /   / Dm7 /   E7   / Am / //
I only send you my in-vi-ta-tions.   And in the middle of the cel - e - bra - tions, I break   down.

G / C G C //   / G7 /   // /   // C ///
Boy,   you're gonna carry that weight,   Carry that weight   a long time.

/ //   / G7 /   // /   // C   / G / A /// C / G / A //
Boy,   you're gonna carry that weight,   Carry that weight   a long time.

Come Together

CHORDS USED IN THIS SONG:

JOHN LENNON and
PAUL McCARTNEY

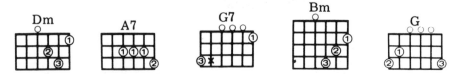

Dm / / / / / / / / / / / /
    Here come old flat top, He come grooving up slowly, He got Joo Joo eyeball, He one ho - ly roller, He got
A7 / / / / / // G7 / / / / / // Dm /// ////
    Hair down to his knee; Got to be a joker, he just do what he please.
Dm / / / / / / / / / / / /
    He wear no shoeshine, He got toe jam football, He got mon-key finger, He shoot co-ca cola, He say
A7 / / / / / // G7 / / / / / / Bm //
    "I know you, you know me." One thing I can tell you is you got to be free Come togeth - er,
/ G /// Dm //////////////// Dm
Right now, over me. He Bag Production, He got wal-rus gumboot,
/ / / / / / / / A7 /// / // G7
He got O-no sideboard, He one spi-nal cracker, He got feet down below his knee. Hold you in his
/ / / / / Bm // / G /// Dm /// //// //// ////
Armchair, you can feel his disease. Come togeth - er, right now, over me.
Dm / / / / / / / / / / / /
    He roller coaster, He got ear-ly warning, He got Mud-dy Water, He one Mo-jo filter, He say,
A7 / / / / / // G7 / / / / / / Bm //
    "One and one and one is three." Got to be good looking 'cause he so hard to see. Come togeth - er,
/ G /// Dm //////// //////// //////// ////
Right now, over me.

The Continuing Story Of Bungalow Bill

JOHN LENNON and
PAUL McCARTNEY

CHORDS USED IN THIS SONG:

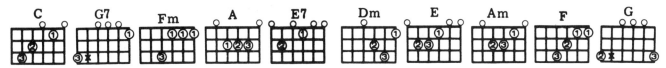

Moderately Fast

```
       C   /  G7   /      C  / Fm    /    C / Fm    /  G7 ///
```
1. Hey,   Bungalow Bill,   what did you kill,   Bungalow Bill?
```
       A  / E7   /      A / Dm      /    A / Dm    /   E ///
```
Hey,   Bungalow Bill,   what did you kill,   Bungalow Bill?
```
       Am   /     C    /      F  /      / G Am   /     C   /
```
He went out tiger hunting with his elephant and gun,   In case of accidents he
```
       F   /      / G      E  /      G     /    Am   /      Fm /
```
Always took his mom.   He's the All American bullet headed Saxon mother's son.
```
       /     /      //  C  /  G7   /      C / Fm    /   C / Fm   / G7 ///
```
All the children sing: Hey,   Bungalow Bill,   what did you kill,   Bungalow Bill?
```
       A  / E7   /      A / Dm     /    A / Dm    /    E ///
```
Hey, Bungalow Bill,   what did you kill,   Bungalow Bill?

2. Hey, Bungalow Bill, what did you kill, Bungalow Bill? Hey, Bungalow Bill,
   What did you kill, Bungalow Bill? Deep in the jungle where the mighty tiger lies,
   Bill and his elephants were taken by surprise. So Captain Marvel zapped him
   Right between the eyes. All the children sing: Hey, Bungalow Bill, what did you kill,
   Bungalow Bill? Hey, Bungalow Bill, what did you kill, Bungalow Bill?

3. Hey, Bungalow Bill, what did you kill, Bungalow Bill? Hey, Bungalow Bill,
   What did you kill, Bungalow Bill? The children asked him if to kill was not a sin,
   "Not when he looked so fierce", his mother butted in. If looks could kill
   It would have been us instead of him. All the children sing: Hey, Bungalow Bill,
   What did you kill, Bungalow Bill? Hey, Bungalow Bill, what did you kill, Bungalow Bill?

Cry Baby Cry

JOHN LENNON and
PAUL McCARTNEY

CHORDS USED IN THIS SONG:

Moderately Slow

Em / / / / / / / / / / / / / / / C7 / / / G / /
1. The king of Marigold was in the kitchen cooking breakfast for the queen.
   / Em / / / / / / / / / / / / / / / C7 / / / / / / /
   The queen was in the parlor playing piano for the children of the king.
   G / / / Am / / / F / / / G / /
   Cry ba-by, cry,   Make your mother sigh.
   / Em / / / A7 / / / F / / / G / / /
   She's old enough to know better,   So cry ba-by cry.

2. The king was in the garden picking flowers for a friend who came to play.
   The queen was in the playroom painting pictures for the children's holiday.
   Cry baby, cry, Make your mother sigh. She's old enough to know better,
   So cry baby cry.

3. The duchess of Kircaldy always smiling and arriving late for tea.
   The duke was having problems with a message at the local Bird and Bee.
   Cry baby cry, make your mother sigh. She's old enough to know better
   So cry baby, cry.

4. Twelve o'clock a meeting 'round the table for a seance in the dark.
   With voices out of nowhere put on specially by the children for a lark.
   Cry baby cry, make your mother sigh. She's old enough to know better
   So cry baby, cry.

A Day In The Life

JOHN LENNON and
PAUL McCARTNEY

CHORDS USED IN THIS SONG:

G   /   Bm   /   Em ///C / Em / Am   / ///G /   Bm
 I read the news today, oh boy   about a lucky man who made the grade.   And though the news was
 /   Em ///C   /   F /Em ///C   /   F /Em /C /G /   Bm
rather sad,   Well, I just had to laugh.   I saw the photograph.   He blew his mind out in a
Em ///C   / Em   /   Am   /   //G /   Bm   /   Em ///C
car.   He didn't notice that the lights had changed.   A crowd of people stood and stared,
    /   F /Em ///Em /   /   /   /   /   /   /C   ///G /
They'd seen his face before.   Nobody was really sure if he was from the House of Lords.   I saw a
Bm /   Em ///C   /   Em /   Am   / //G /   Bm   /   Em ///
film today, oh boy.   The English army had just won the war.   A crowd of people turned away,
C   / F /Em ///Em /   /   /C   // / /Bm G Em/// G /   Bm
 But I just had to look.   Having read the book,   I'd love   to turn you on.   I heard the news
  /   Em ///C   /   Em   /   Am   /   //G /   Bm   /
today, oh boy.   Four thousand holes in Blackburn Lancashire.   And though the holes were rather
Em ///C   / F /Em ///Em /   /   /   /
small,   They had to count them all.   Now they know how many holes it takes to fill the
/   / C /// /   /// Bm /G / E ///
 Albert Hall.   I'd love   to turn you on.

Day Tripper

CHORDS USED IN THIS SONG:

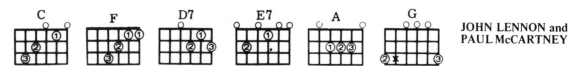

JOHN LENNON and
PAUL McCARTNEY

Moderately, with a beat

1.   C   /   / /////   /   /   /   /   //// F /   / /////
   Got a good rea-son   for taking the ea-sy way out.   Got a good rea-son
        C   /   / /   /   //   / D7 /// /   /// / / / / //
   For taking the ea-sy way out now.   She was a Day   Tripper, One way ticket, Yeh!
      /   F /// E7 //   / A //   /   G///C /// ////
   It took me so   long to find out,   and I found out.

2.   C   /   / ///// /   /   /   /   //// F /   / /////
   She's a big tea-ser,   She took me half the way there.   She's a big tea-ser,
        C   /   / /   /   //   / D7 /// /   /// / / / / //
   She took me half the way there, now.   She was a Day   Tripper, One way ticket, Yeh!
      /   F /// E7 //   / A //   /   G///C /// ////
   It took me so   long to find out,   and I found out.

3.   C   /   / ///// /   /   /   /   //// F /   / /////
   Tried to please her,   She only played one night stands.   Tried to please her,
        C   /   / /   /   //   / D7 /// /   /// / / / / //
   She only played one night stands, now.   She was a Day   Tripper, Sunday driver, Yeh!
      /   F /// E7 //   / A //   /   G///C /// ////C /   / /////
   It took me so   long to find out,   and I found out.   Day Tripper,
   / /   /   /   / /// C   Day Tripper,   ///// /   /   /   / ////
   Day Tripper, Yeh!   Day Tripper,   Day Tripper, Yeh!

Dear Prudence

JOHN LENNON and
PAUL McCARTNEY

CHORDS USED IN THIS SONG:

```
        C              /C7 /F /Fm              /        C /C7 /F /Fm / C     /C7 /F /Fm
Dear Prudence,           won't you come out to play,           Dear Prudence,
              /      C /C7 /F /Fm   C     /     C7    /    F   /   Fm    /
Greet the brand new day.        The sun is up, the sky is blue, it's beautiful and so are you,
        C        /C7 /Bb /       F    /  C  /C7 /F /Fm /       C    /C7 /F /Fm
Dear Prudence,        Won't you come out to play?          Dear Prudence,
        /     C /C7 /F /Fm /   C     /C7 /F /Fm       /      C /C7 /F /Fm /
Open up your eyes,        Dear Prudence,        See the sunny skies.
        C    /     C7   /      F    /   Fm    /        C      /C7 /Bb
The wind is low, the birds will sing that you are part of ev'rything, Dear Prudence,
        /    F   /     C /F/G/F/        C      /    F      /
Won't you open up your eyes?        Look around 'round  'round 'round
        /      /      /      /        C     /       /         F
'Round round  'round  'round 'round.  Look a-round 'round  'round 'round 'round
        /      /      /      /        Eb  ///F///C /C7 /F /Fm /
'Round 'round  'round  'round 'round.  Look a-round.
        C         /C7 /F /Fm            /        C /C7 /F /Fm / C     /C7 /F /Fm
Dear Prudence,           Let me see you smile,           Dear Prudence,
        /    C /C7 /F /Fm /       C     /    C7    /    F   /   Fm    /
Like a little child.        The clouds will be a daisy chain so let me see you smile again,
        C        /C7 /Bb /       F    /  C  /F/C//
Dear Prudence,        Won't you let me see you smile?
```

Dig A Pony

JOHN LENNON &
PAUL McCARTNEY

CHORDS USED IN THIS SONG:

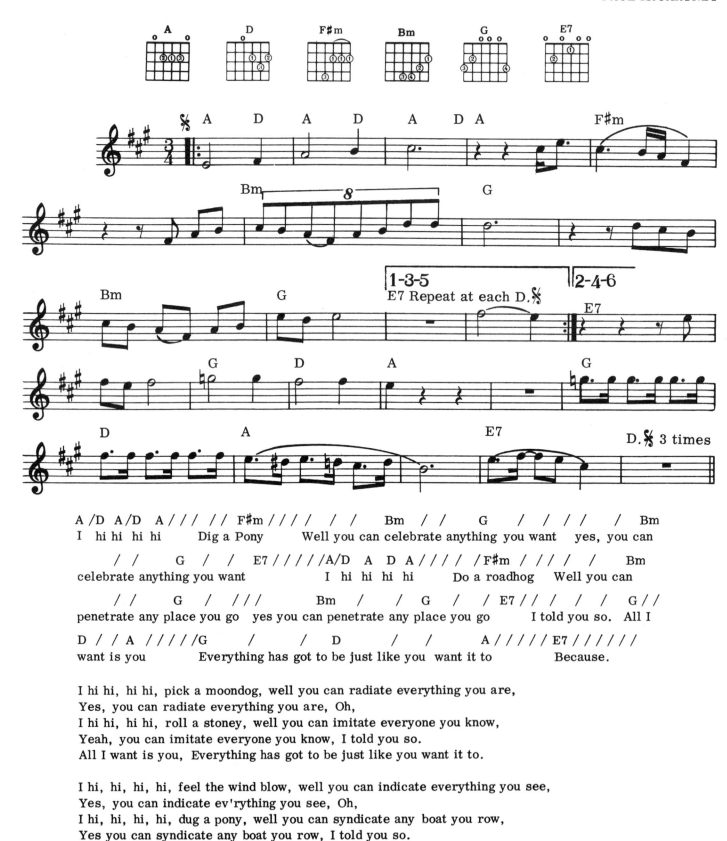

A /D A/D A/ / / / / F#m / / / / / / Bm / / G / / / / / Bm
I hi hi hi hi   Dig a Pony   Well you can celebrate anything you want   yes, you can

/ / G / / E7 / / / / / /A/D A D A / / / / /F#m / / / / / Bm
celebrate anything you want   I hi hi hi hi   Do a roadhog   Well you can

/ / G / / / / Bm / / G / / E7 / / / / / G / /
penetrate any place you go   yes you can penetrate any place you go   I told you so. All I

D / / A / / / / /G / / D / A / / / / / E7 / / / / / /
want is you   Everything has got to be just like you   want it to   Because.

I hi hi, hi hi, pick a moondog, well you can radiate everything you are,
Yes, you can radiate everything you are, Oh,
I hi hi, hi hi, roll a stoney, well you can imitate everyone you know,
Yeah, you can imitate everyone you know, I told you so.
All I want is you, Everything has got to be just like you want it to.

I hi, hi, hi, hi, feel the wind blow, well you can indicate everything you see,
Yes, you can indicate ev'rything you see, Oh,
I hi, hi, hi, hi, dug a pony, well you can syndicate any boat you row,
Yes you can syndicate any boat you row, I told you so.
All I want is you, everything has got to be just like you want it to.

Don't Let Me Down

CHORDS USED IN THIS SONG:

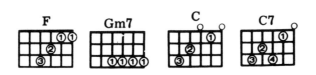

JOHN LENNON and
PAUL McCARTNEY

```
F    /  /  /     /     Gm7 //  /     /  /// /   F  ///
1.  Nobody ever loved me like she does,    oo, she does,  yes, she does.

   /    /    /    /    /   Gm7  ///    /    /  /// /     F  ///  //
   And if somebody loved me like she do me,   oo, she do me,  yes, she does.
Chorus:
   /    /   Gm7 /// //  /    /    /    F   /// //  /    /   Gm7 /// //  /    /   F  ////
Don't let  me down,    don't let me down.    Don't let  me down,    don't let  me down.

   /    /    /    F   /// / /  /    /    /   C /// /  /    /    /    C7 /// /
I'm in love for the first time,   don't you know it's gonna last.   It's a love that lasts forever,

   /    /    /    F /// //    /    /   Gm7 /// //  /    /   F  /// //
It's a love that had no past.   Don't let  me down,    don't let  me down.

   /    /   Gm7 /// //  /    /    F  ////
Don't let  me down,    don't let  me down.

   F    /  /  /     /     Gm7  //  /     /  /  /  /     F  ///
2.  And from the first time that she really done me,   oo, she done me,  she done me good.

   /    /    /    /    /   Gm7  //  /     /  /  /  /     F  ///
   I guess nobody ever really done me,   oo, she done me,   she done me good.   (To Chorus)
```

Dr. Robert

JOHN LENNON and
PAUL McCARTNEY

CHORDS USED IN THIS SONG:

G / Dm7 / G / Dm7 / G / Dm7 / G / Dm7 / G / Dm7 / G / Dm7 /G/Dm7/
Ring, my friend, I said you'd call Doctor Robert.   Day or night he'll be there anytime at all,

G / / / E7 / Bm7 / E7 / / / / / Bm7 / E7 / / / / / Bm7 / E7 / / /
    Doctor Robert.   You're a new and better man, he helps you to understand. He does

D / / / / E7 / / / A / / / / / / / / / / / / / / / / /D / / / A / / /
ev'rything he can,   Doctor Robert.   Well, well, well, you're feeling fine.

 / / / / / / / / /D / / / / // / / G / Dm7 / G / / /G / Dm7 /
Well, well, well, he'll make you,   Doctor Robert.   If you're down he'll

G / Dm7 / G / Dm7 /G/Dm7/ G / Dm7 / G / Dm7 / G   /Dm7 / G //
pick you up Doctor Robert.   Take a drink from his special cup, Doctor Robert,

 / E7 / Bm7 / E7 / / / / / Bm7 / E7 / / / // Bm7 / E7 / / /D / / / E7 //
Doctor Robert.   He's a man you must believe, helping ev'ryone in need.   No one can succeed like

 / A / / / / / / / / / / / / / / / / / /D/ / /A / / / / / / / / / / /D / / /
Doctor Robert.   Well, well, well, you're feeling fine.   Well, well, well, he'll make you

/ / / / G / Dm7 /G/ / /G / Dm7 / G / Dm7 / G / Dm7 /G/Dm7/
    Doctor Robert.   My friend works with the nat'nal health, Doctor Robert.

G / Dm7 / G / Dm7 / G / Dm7 /G/ / / E7 / Bm7 / E7 / / / / /
Don't pay money just to see yourself with Doctor Robert,   Doctor Robert.   You're a new and

Bm7 / E7 / / / // Bm7 /E7 / / / D / / / E7 / / / A / / / / / / / / / / /
better man, he helps you to understand. He does ev'rything he can, Doctor Robert.   Well, well,

 / / / / /D / / /A / / / / / / / / / / / / / / /D / / / / / / G / Dm7 /G/ / /
well, you're feeling fine.   Well, well, well, he'll make you,   Doctor Robert.

Drive My Car

JOHN LENNON and
PAUL McCARTNEY

CHORDS USED IN THIS SONG:

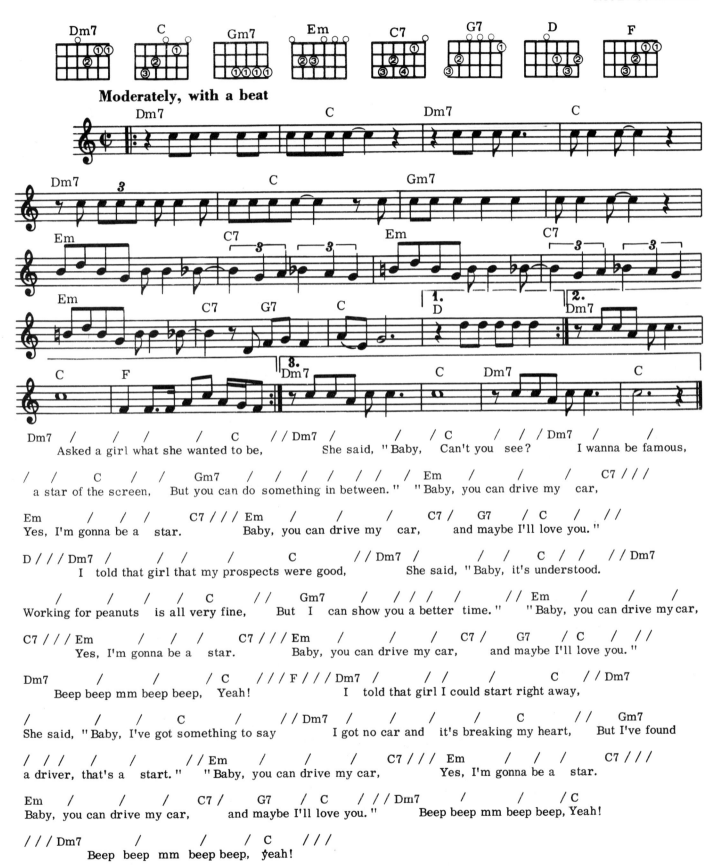

Moderately, with a beat

Dm7 / / / / C //Dm7 / / C / // Dm7 / /
Asked a girl what she wanted to be,   She said, "Baby, Can't you see?   I wanna be famous,

/ / C / / Gm7 / / / / / / Em / / / C7 ///
a star of the screen,   But you can do something in between."   "Baby, you can drive my car,

Em / / / C7 /// Em / / / C7 / G7 / C / //
Yes, I'm gonna be a star.   Baby, you can drive my car,   and maybe I'll love you."

D /// Dm7 / / / / C // Dm7 / / / C / / // Dm7
I told that girl that my prospects were good,   She said, "Baby, it's understood.

/ / / / C // Gm7 / / / / / // Em / / /
Working for peanuts is all very fine,   But I can show you a better time."   "Baby, you can drive my car,

C7 /// Em / / / C7 /// Em / / / C7 / G7 / C / //
Yes, I'm gonna be a star.   Baby, you can drive my car,   and maybe I'll love you."

Dm7 / / / C ///F /// Dm7 / / / C // Dm7
Beep beep mm beep beep, Yeah!   I told that girl I could start right away,

/ / / C / // Dm7 / / / C // Gm7
She said, "Baby, I've got something to say   I got no car and it's breaking my heart,   But I've found

/ / / / / // Em / / / C7 /// Em / / / C7 ///
a driver, that's a start."   "Baby, you can drive my car,   Yes, I'm gonna be a star.

Em / / / C7 / G7 / C /// Dm7 / / / C
Baby, you can drive my car,   and maybe I'll love you."   Beep beep mm beep beep, Yeah!

/// Dm7 / / / C ///
Beep beep mm beep beep, yeah!

Eight Days A Week

JOHN LENNON and
PAUL McCARTNEY

CHORDS USED IN THIS SONG:

Moderato

```
        Bb  /  /  /  C7 /  /  /  Eb  /  /  /   Bb ///  /  /  /  / C7 /  /  /
1.  Ooh I need your love  babe,  guess you know it's true.      Hope you need my love  babe,
        Eb  /  /  /     Bb /// Gm   // Eb /  // Gm /   // C7 /   //
    Just like I need you.     Hold   me,   love me,   hold  me,    love me.
        Bb  /  /  /  C7 /  /   //Eb  /  /  /  Bb ///
    Ain't got nothin' but love  babe,     Eight days a week.

2.  Love you ev'ry day girl, always on my mind. One thing I can say girl, love you all the time.
    Hold me, love me, hold me, love me. Ain't got nothin' but love girl, eight days a week.
        F  /  /  /  /  /// Gm /// /  ///  C7 /  /  /  /  ///   Eb /  /  / F7 /     //
    Eight days a week   I love   you.   Eight days a week    is not enough to show I care.

3.  Oo I need your love babe, guess you know it's true. Hope you need my love babe, just like I
    Need you. Hold me, love me, hold me, love me. Ain't got nothin' but love babe, Eight days
    A week. Eight days a week I love you, eight days a week is not enough to show I care.

4.  Love you ev'ry day girl, always on my mind. One thing I can say girl, love you all the time.
    Hold me, love me, hold me, love me. Ain't got nothin' but love girl,
        Eb  /  /  / Bb ///Eb /  /  / Bb /// Eb /  /  / Bb ///
    Eight days a week.     Eight days a week.     Eight days a week.
```

Eleanor Rigby

CHORDS USED IN THIS SONG:

JOHN LENNON and
PAUL McCARTNEY

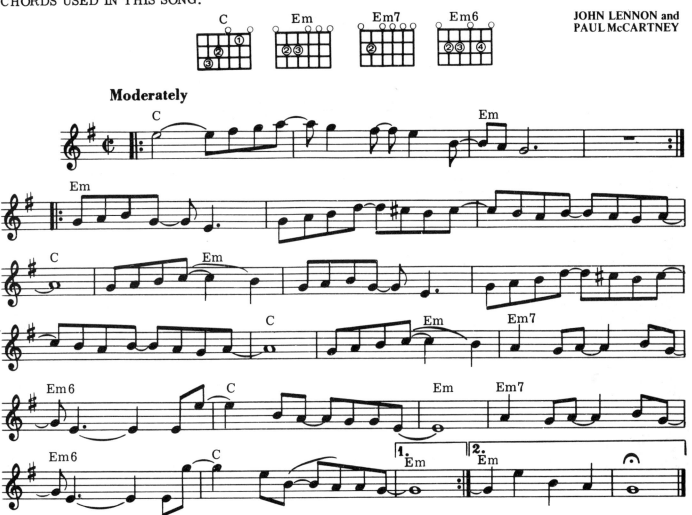

Moderately

C // / / / / / Em /// //// C // / / / / / Em /// ////
1. Ah,   look at all the lone-ly peo - ple!   Ah,   look at all the lone-ly peo - ple!
Em / / / / / / / / / / / C ///
Eleanor Rig-by picks up the rice in the church where a wed-ding has been,
/ / Em / / / / / / / / / / /
Lives in a dream,   Waits at the win-dow, wearing the face that she keeps in a jar by the door.
C /// / / Em /Em7 / / / Em6 // / C / / / Em ///
Who is it for?   All the lone-ly peo - ple, where do they all come from?
Em7 / // Em6 // / C / // Em ///
All the lone-ly peo - ple, where do they all belong?

2. Father McKenzie, writing the words of a sermon that no one will hear.
No one comes near. Look at him working, darning his socks in the night
When there's nobody there. What does he care? All the lonely people,
Where do they all come from? All the lonely people, where do they all belong?

3. Eleanor Rigby died in the church and was buried along with her name. Nobody came.
Father McKenzie wiping the dirt from his hands as he walks from the grave no one was saved.
All the lonely people, Where do they all come from? All the lonely people, where do they all belong?

The End

CHORDS USED IN THIS SONG:

JOHN LENNON and
PAUL McCARTNEY

A7 D // B E /// A / / / B // C#m A /// //// //// //// A7 ///
Oh, yeah! All-right! Are you gonna be in my dreams tonight?

D7/// A7/// D7/// A7/// D7/// A7/// D7/// A7/// D7/// A7/// D7/// A7/// D7/// A/// ////

/ / / / /// G / / / //// F / / / G7 // / C /// D/// Eb / F C //
And in the end. The love you take is equal to the love you make.

Every Little Thing

JOHN LENNON and
PAUL McCARTNEY

CHORDS USED IN THIS SONG:

F /   /   / Gm7 C7 //F /   /   / Bb / //Gm7 /   / / C7 / F /
When I'm walking   beside her   People tell me   I'm lucky.   Yes, I know I'm a lucky   guy.

F /   /   / Gm7 C7 //F /   /   / Bb / //Gm7 /   / / C7 / F /
I remember   the first time   I was lonely   without her.   Yes, I'm thinking about her   now.

F /   / / / / Eb /// / / F / / / / / / / / / Eb ///
Ev'ry little thing   she does,   She does for me,   yeah.   And you know the things   she does,

/ / F / / / F / / / / Gm7 C7// F / / / / Bb / //Gm7
She does for me,   yeah.   When I'm with her   I'm happy   Just to know that   she loves me.

/ / / C7 / F /F / / / / Gm7 C7 //F / / / Bb /
Yes, I know that she loves me   now.   There is one thing   I'm sure of,   I will love her   forever,

//Gm7 / / / / C7 / F /F / / / / / Eb /// / / F / / /
For I know love will never   die.   Ev'ry little thing   she does,   She does for me,   yeah.

/// / / / / / Eb /// / / F / / / F / / / / / / / /Gm7 /C9 / F ///
And you know the things   she does,   She does for me,   yeah. Me, oo.   Ev'ry little thing.

Everybody's Got Something To Hide Except Me And My Monkey

CHORDS USED IN THIS SONG:

JOHN LENNON and
PAUL McCARTNEY

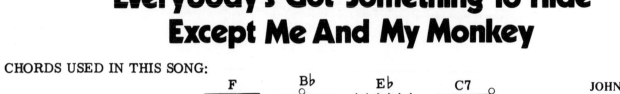

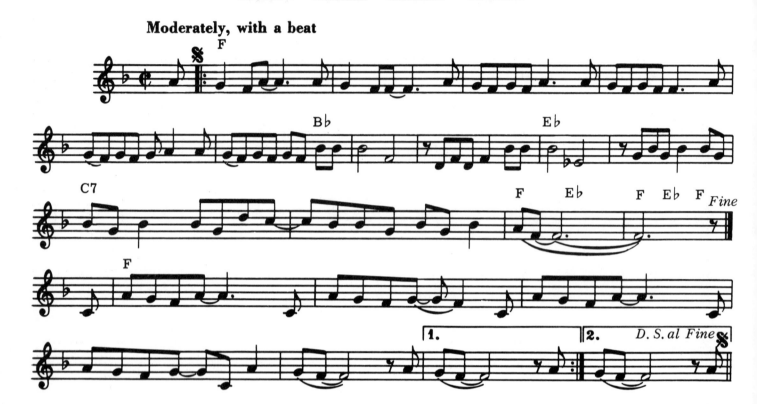

```
        F    /    //       /    /       //        /    /    //        /    /    //
Come on, come on,   come on, come on,    come on is such a joy,   come on is such a joy.
        /    /    /    /        /    /       Bb   /  //////       Eb //////
Come on, take it easy,   come on, take it easy, take it ea-sy,       take it ea-sy.
  /   C7   /    /    /        /    /    /    /   F    /Eb / F/Eb F
Ev'rybody's got something to hide  except for me and my monkey.
        F    /    //       /    /       //        /    /    //        /    /    /
The deeper you go,    the higher you fly,    the higher you fly,    the deeper you go,
  /   /////       /////       F    /    //        /    /    //        /    /    //
So come on,       come on.    Come on, come on,   come on, come on,    come on is such a joy,
        /    /    /    /        /    /    /    /   Bb   Bb /////
Come on is such a joy.   Come on, take it easy,   come on, take it easy, take it ea-sy,
  /   Eb //////  /   C7    /    /    /        /    /    /    /   F    /Eb / F Eb F
Take it ea-sy.       Ev'rybody's got something to hide   except for me and my monkey.
F    /    //       /    /       //        /    /    //        /    /    /////
Your inside is out,    your outside is in,    your outside is in,    your inside is out,   So come on,
  ////    F    /    //        /    /    //        /    /    //
Come on.    Come on, come on,   come on, come on,   come on is such a joy,
        /    /    /    /        /    /    /    /   Bb   /  //////
Come on is such a joy.   Come on, take it easy,   come on, take it easy, take it ea-sy,
  /   Eb //////  /   C7    /    /    /        /    /    /    /   F    /Eb / F / Eb F
Take it ea-sy,        Ev'rybody's got something to hide   except for me and my monkey.
```

Fixing A Hole

JOHN LENNON and
PAUL McCARTNEY

CHORDS USED IN THIS SONG:

C   / G+   /   Cm7 / Cm6/ Cm7 / / /   F7   //   /   Cm7 ///
I'm fixing a hole where the rain gets in   and stops my mind from wandering where it will go.

F7 /// Cm7 /// F7 // / C / G+   / Cm7 /   Cm6/ Cm7 / / /   F7   //
             I'm fixing the cracks that ran through the door and kept my mind from wandering

     /   Cm7 /// F7 /// Cm7 /// F7 / / C   /   F / C   / F
Where it will go.   And it really doesn't matter if I'm wrong, I'm right where

/ C   / F   / C /// G   /   D7   /   G / D7   /
I belong, I'm right where I belong.   See the people standing there who disagree and never win and

G   / D7   /   G // C   / G+ / Cm7 /Cm6/ Cm7 / / /
Wonder why they don't get in my door.   I'm painting the room in a colourful way and when my mind is

F7   //   /   Cm7 /// F7 /// Cm7 /// F7 ///
Wandering,   there I will go.

Flying

JOHN LENNON, PAUL McCARTNEY
GEORGE HARRISON and RICHARD STARKEY

CHORDS USED IN THIS SONG:

The Fool On The Hill

JOHN LENNON and
PAUL McCARTNEY

CHORDS USED IN THIS SONG:

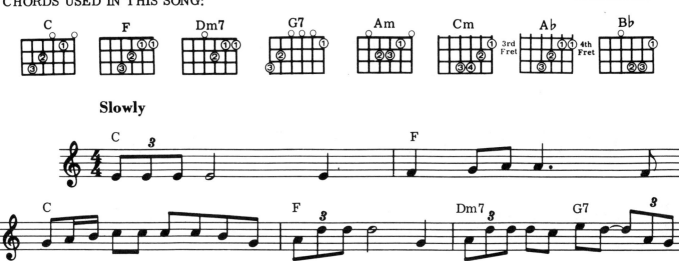

Slowly

```
        C          ///  F  /  / /  C        /     /     /     F       / /
1. Day after day  alone on a hill  the man with the foolish grin is keeping perfectly still,
   /  Dm7    /    G7   /         C       /  Am  /  Dm7     /     G7
   But nobody wants to know him,   they can see that he's just a fool  and he never gives an answer.
   Dm7  Cm Ab  Cm  /    Ab  /   /   /   Bb  /  /  /   Cm    /      // C ///
   But the fool on the hill sees the sun going down and the eyes in his head see the world spinning 'round.
        C          ///  F  /  / /  C        /     /     /     F       / /
2. Well on the way,    head in a cloud, the man of a thousand voices talking perfectly loud,
   /  Dm7    /    G7   /         C       /  Am  /  Dm7     /     G7
   But nobody ever hears him,   or the sound he appears to make  and he never seems to notice.
   Dm7  Cm Ab  Cm  /    Ab  /   /   /   Bb  /  /  /   Cm    /      // C///
   But the fool on the hill sees the sun going down and the eyes in his head see the world spinning 'round.
        C          ///  F  /  / /  C        /     /     /     F       / /
3. Day after day  alone on a hill  the man with the foolish grin is keeping perfectly still,
   /  Dm7    /    G7   /         C       /  Am/  Dm7     /     G7
   And nobody seems to like him,   they can tell what he wants to do   and he never shows his feelings.
   Dm7  Cm Ab  Cm  /    Ab  /   /   /   Bb  /  /  /   Cm    /      // C ///
   But the fool on the hill sees the sun going down and the eyes in his head see the world spinning 'round.
        C          ///  F  /  / /  C        /     /     /     F       ///
4. Day after day  alone on a hill  the man with the foolish grin is keeping perfectly still.
   Dm7      /    G7   /     C      /      Am /  Dm7     /     G7
   He never listens to them,   he knows that they're the fools.    They don't like him.
   Dm7  Cm Ab  Cm  /    Ab  /   /   /   Bb  /  /  /   Cm    /      // C///
   But the fool on the hill sees the sun going down and the eyes in his head see the world spinning 'round.
```

For No One

JOHN LENNON and
PAUL McCARTNEY

CHORDS USED IN THIS SONG:

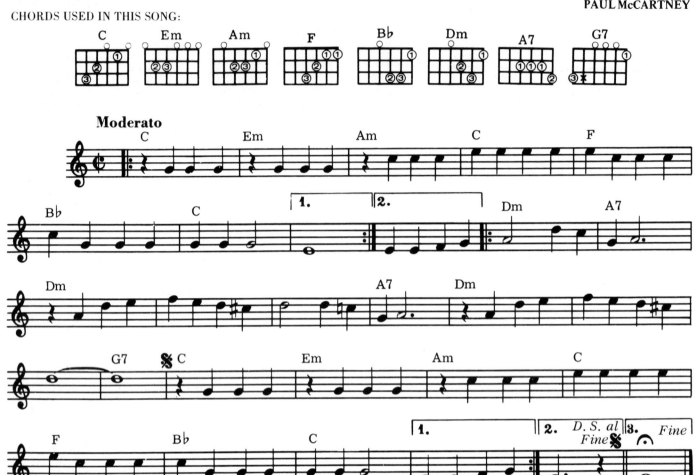

Moderato

C / / / Em / / / Am / / / C / / / F / / / Bb / / /
   Your day breaks,   your mind aches,   You find that all her words of kindness linger on when she no

C / / / / /// C / / / Em / / / Am / / / C / / / F / / /
Longer needs you.   She wakes up,   she makes up,   She takes her time and doesn't feel she has to

Bb / / / C / / / / /// Dm / / / A7 / // Dm / / / / / /
Hurry she no longer needs you. And in her eyes you see nothing,   no sign of love behind the

/ / / / A7 / // Dm / / / / / / /// G7 /// C / / /
Tears cried for no one.   A love that should have lasted years!   You want her,

Em / / / Am / / / C / / / F / / / Bb / / / C / / /
   You need her,   And yet you don't believe her when she says her love is dead you think she needs you.

/ / / Dm / / / A7 / // Dm / / / / / / / A7 / /// Dm / /
And in her eyes you see nothing,   no sign of love behind the tears cried for no one.   A love that

/ / / / /// G7 /// C / / / Em / / / Am / / / C ///
Should have lasted years!   You stay home,   she goes out,   She says that long ago she

F / / / Bb / / / C / / / /// C / / / Em / / /
Knew someone but now he's gone, she doesn't need him.   Your day breaks,   your mind aches,

Am / / / C / / / F / / / Bb / / / C / / / / / / /
   There will be times when all the things you said will fill your head, you won't forget her.

From A Window

JOHN LENNON and
PAUL McCARTNEY

CHORDS USED IN THIS SONG:

G / / / / / / / / / / / / Em / / / Am7 / / / D7 / / / G
Late yesterday night I saw a light shine from a window, And as I looked again your face

/ / / / / / / / / G / / / / / / / / / / / / / Em / / / Am7 /
came into sight. I couldn't walk on until you'd gone from your window. I

/ / / D7 / / / G / / / / / Am7 G C / / / D7 / / /
had to make you mine I knew you were the one. Oh I would be glad just to

G / / / / G / / / C / / / / B7 / / / Em / / / A7 / D7 /
love a love like that, Oh I would be true and I'd live my life for you.

G / / / / / / / / / / / Em / / / Am7 / / /
So meet me tonight just where the light shines from a window, And as I take your

D7 / / / Eb / / / / / / / C / / / G / / /
hand say that you'll Be mine tonight.

From Me To You

JOHN LENNON and
PAUL McCARTNEY

CHORDS USED IN THIS SONG:

F / / / Dm // /   F / / / C7 // / Bb7 / /
If there's anything that you want, If there's anything I can do, Just call on me,

/ Dm / // F / C7 / F / Dm / F / / / Dm //
And I'll send it along with love from me to you. I've got ev'rything that you want,

/ F / / / C7 // / Bb7 / / / Dm / / / F / C7 / F //
Like a heart that's oh, so true. Just call on me, and I'll send it along with love from me to you.

/ Cm7 / // F7 / // Bb / F7 / Bb // / Dm / / / G7 ///
I got arms that long to hold you and keep you by my side; I got lips that long to kiss you

C7 / / / C7+ // / F / / / Dm // / F / / / C7 //
And keep you satisfied. If there's anything that you want, If there's anything I can do,

/ Bb7 / / / Dm / / / F / C7 / F ///
Just call on me, and I'll send it along with love from me to you.

Get Back

CHORDS USED IN THIS SONG:

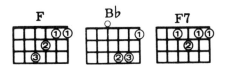

JOHN LENNON and
PAUL McCARTNEY

Moderately, with a beat

F / / / / / / / Bb / / / F ///
Jo Jo was a man who thought he was a loner, But he knew it couldn't last.

/ / / / / / / / Bb / / / F // / F7 //
Jo Jo left his home in Tucson, Arizona, for some California grass. Get back!

/ /// / Bb / / / F // / F7 // / ///
Get back! Get back to where you once belonged. Get back! Get back!

/ Bb / / / F /// F / / / / / / /
Get back to where you once belonged. Sweet Loretta Martin thought she was a woman,

Bb / / / F /// / / / / / / / / /
But she was another man. All the girls around her say she's got it coming,

Bb / / / / F // / F7 // / /// / Bb
But she gets it while she can. Get back! Get back! Get back

/ / / / F // / F7 /// /// / Bb
To where you once belonged. Get back! Get back! Get back

/ / / / F //////
To where you once belonged.

Getting Better

JOHN LENNON and
PAUL McCARTNEY

CHORDS USED IN THIS SONG:

D7   /   G   / D7 ///   G   /   /   /   D7   ///G   /   //
I used to get mad at my school,   the teachers who taught me weren't cool.   Holding me down,

D7   /   G   / D7   /   G   / D7   ///   I've got to admit   it's getting better   it's a little
turning me round,   filling me up   with your rules.   I've got to admit   it's getting better   it's a little

G   /   /   / C   /// G   /   /   /   C   //   /   G   // / C   /   //
better   all the time.   I have to admit   it's getting better   it's getting better   since you've been mine.

D /////G/   D7   /   G   / D7 ///   G   /   /   / D7 // / G   /   /
Me used to be angry young man,   me hiding me head in the sand.   You gave me the word,

/ D7 /   G   / D7   /   G   /D7 ///   G   /   /   /   C   //   / G   /
I finally heard, I'm doing the best   that I can.   I've got to admit   it's getting better   it's a little better

/   / C   /// G   /   /   /   C   //   / G   // / C   /   //G   /
all the time.   I have to admit   it's getting better   it's getting better   since you've been mine.   Getting

/   /   / // /   /   /   / /// D7   /   G   / D7 / / /   /   G   /   /   /
so much better all the time.   I used to be cruel to my woman, I beat her, and kept her apart from the

D7   /   / / G   /   /   / D7   /   G   / D7   /   G   /D7 ///
things she loved.   Man, I was mean   but I'm changing my scene, and I'm doing the best   that I can.

G   /   /   /   C   //   / G   /// C   ///G   /   /   /   C
I've got to admit   it's getting better   it's a little better   all the time.   I have to admit   it's getting better

//   /   G   // / C   /   //G   /   /   /   C   /// G   //
it's getting better   since you've been mine.   It's getting better all the time,   Getting so

/   /   / / /   /   /   ///
much better all the time.

Girl

JOHN LENNON and
PAUL McCARTNEY

CHORDS USED IN THIS SONG:

Is there anybody goin' to listen to my story all about the girl who came to stay? She's the kind of girl you want so much it makes you sorry: Still, you don't regret a single day. Ah, girl! girl.
When I think of all the times I've tried so hard to leave her she will turn to me and start to cry; And she promises the earth to me and I believe her. After all this time I don't know why. Ah, girl!
Girl! She's the kind of girl who puts you down when friends are there, You feel a fool.
When you say she's looking good, she acts as if it's understood. She's cool, cool, cool, cool. Girl!
Girl! Was she told when she was young that fame would lead to pleasure? Did she understand it when they said that a man must break his back to earn his day of leisure? Will she still believe it when he's dead? Ah, girl! girl! girl!

Give Peace A Chance

JOHN LENNON and
PAUL McCARTNEY

CHORDS USED IN THIS SONG:

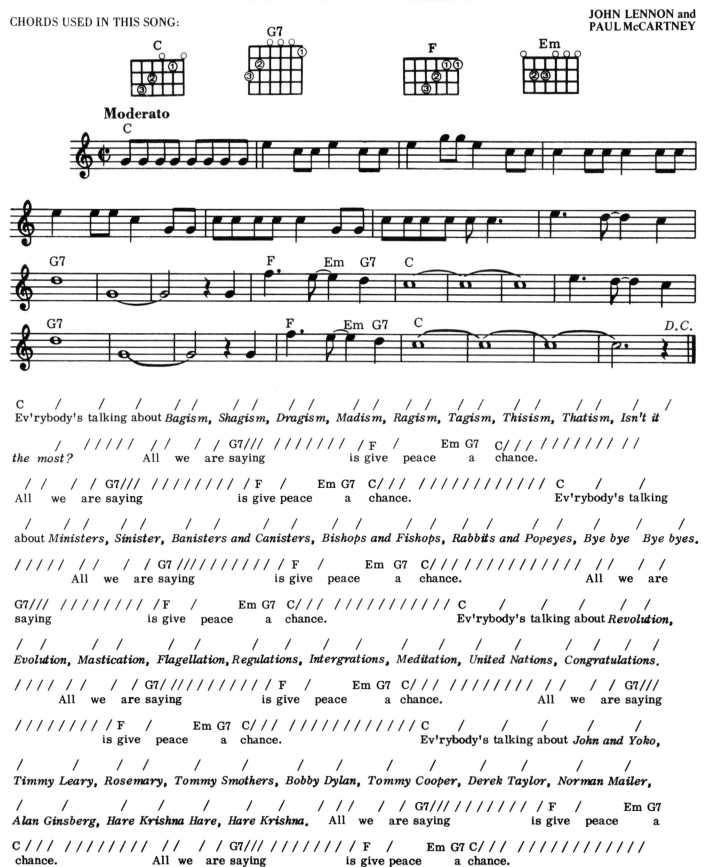

Ev'rybody's talking about *Bagism, Shagism, Dragism, Madism, Ragism, Tagism, Thisism, Thatism, Isn't it the most?* All we are saying is give peace a chance.

All we are saying is give peace a chance. Ev'rybody's talking about *Ministers, Sinister, Banisters and Canisters, Bishops and Fishops, Rabbits and Popeyes, Bye bye Bye byes.* All we are saying is give peace a chance. All we are saying is give peace a chance. Ev'rybody's talking about *Revolution, Evolution, Mastication, Flagellation, Regulations, Intergrations, Meditation, United Nations, Congratulations.* All we are saying is give peace a chance. All we are saying is give peace a chance. Ev'rybody's talking about *John and Yoko, Timmy Leary, Rosemary, Tommy Smothers, Bobby Dylan, Tommy Cooper, Derek Taylor, Norman Mailer, Alan Ginsberg, Hare Krishna Hare, Hare Krishna.* All we are saying is give peace a chance. All we are saying is give peace a chance.

Glass Onion

JOHN LENNON and
PAUL McCARTNEY

CHORDS USED IN THIS SONG:

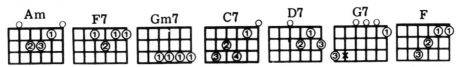

Moderately, with a beat

(3 times)

```
Am  /    /    /    F7   /    //Am /   /    /    F7   /    //
       I told you 'bout Strawberry Fields,       You know the place where nothing is real,
Am  /    /    /    Gm7  /    //C7 ///  Gm7  /    //C7 ///
    Well, here's another place you can go,       Where ev'rything flows,
  F7   /    /    /    D7 /// F7  /    /    /    D7 ///
Looking through the bent backed tulips   to see how the other half live,
  F7   /    /    /G7 ///Am /    /    /    F7   /    //
Looking through a glass onion.       I told you 'bout the Walrus and me,   man,
Am  /    /    /    F7   /    /    /Am /   /    /    Gm7  /    //
    You know that we're as close as can be,  man,      Well, here's another clue for you all,
C7 ///  Gm7  /    //C7 /// F7  /    /    /    D7 ///
    The Walrus was Paul,        Standing on a cast iron shore, yeah.
  F7   /    /    /    D7   /// F7   /    /    /G7 ///
Lady Madonna tryin' to make ends meet, yeah,  Looking through a glass onion.
Am  /    /    /    F7   /    //Am /   /    /    F7   /    //
    I told you 'bout the Fool on the hill,       I tell you man he's living there still.
Am  /    /    /    Gm7  /    //C7 /// Gm7  /    //C7 ///
    Well, here's another place you can be,       Listen to me,
  F7   /    /    /D7 /// F7   /    /    /    D7 ///
Fixing a hole in the ocean,   Trying to make a dove tail joint,
  F7   /    /    /G7 ///Am //////   F ///////  D7 //////
Looking through a glass onion.        Oh yeah,       Oh yeah,
  /  Am //////  F7   /    /    /G7 ///
Oh yeah.        Looking through a glass onion.
```

Golden Slumbers

CHORDS USED IN THIS SONG;

JOHN LENNON and
PAUL McCARTNEY

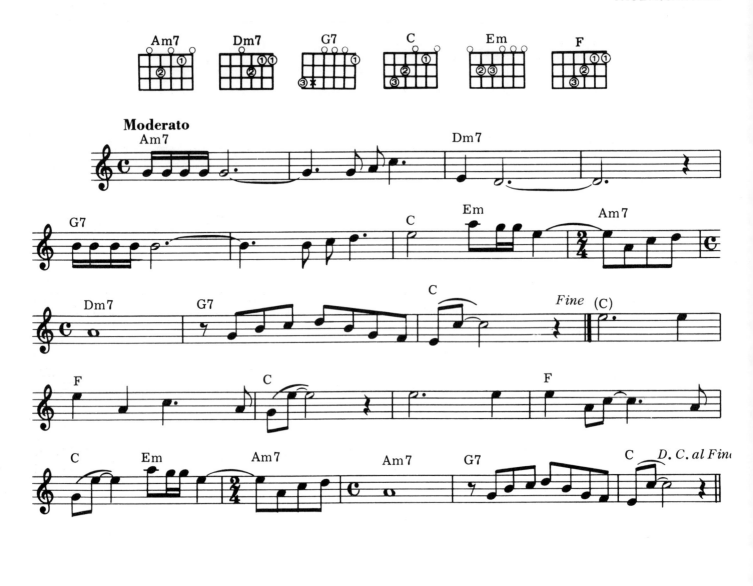

Moderato

Am7   / //// /   /Dm7 / // //// G7   / //// /   / C /
Once there was a way   to get back homeward,   Once, there was a way   to get back home.

Em   / Am7   / Dm7 /// G7   /   / / C /// C // / F / / /   C ///
Sleep, pretty dar - ling, do not cry,   And I will sing a lullaby.   Gold - en Slumbers fill your eyes.

/ /// F / / C / Em   / Am7   / Dm7 /// G7   /   /
Smiles   awake you when you rise; Sleep pretty dar - ling, do not cry,   And I will sing

/ C /// Am7   / //// /   /Dm7 / // //// G7   / ////
A lullaby.   Once, there was a way   to get back homeward.   Once there was a way

/ / C / Em   / Am7   / Dm7 /// G7 / / / C ///
To get back home. Sleep, pretty dar - ling, do not cry,   And I will sing a lullaby.

Good Day Sunshine

JOHN LENNON and
PAUL McCARTNEY

CHORDS USED IN THIS SONG:

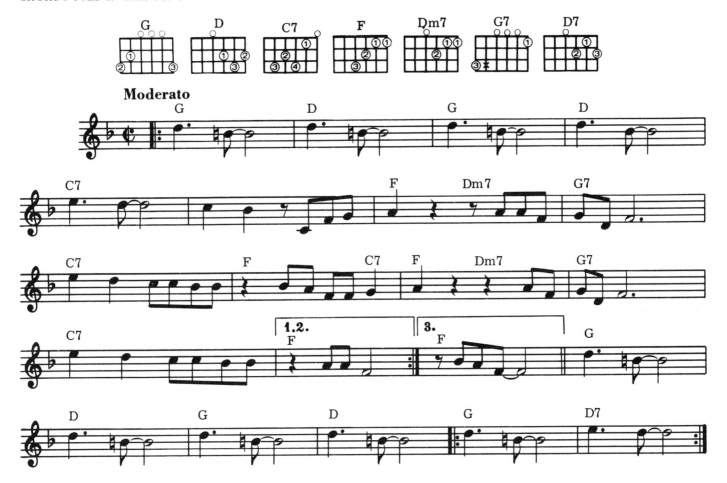

Moderato

```
G   /  //D  /   // G  /   //D  /   // C7  /   //  /   /   /         F / Dm7
Good Day Sun - shine,   Good Day  Sun - shine.   Good Day  Sunshine.  I need to laugh
    /  G7   //C7  /   /    /   F  /    /   C7 F /Dm7 /  G7    ///
And when the sun is out   I've got something I can  blab about. I feel good     in a special way.
C7  //   /   F  /   // G  /   //D  /   // G  /   //D  /   // C7  /   //
I'm in love and it's a  sunny day. Good Day  Sun - shine,   Good Day  Sun - shine.   Good Day
    /   /   /        F /Dm7  /   G7    /  // C7  /   /       F  /     /
Sunshine.  We take a walk       the sun is shining down,  Burns my feet as they   touch the ground.
C7 F /Dm7 /  G7    /  // C7  /   /   /'      F  /   / G  /   //D  //
I feel good     in a special way.   I'm in love and it's a  sunny day.  Good Day  Sun-shine,
G   /  // D /   // C7  /   //  /   /         F /Dm7  /      G7    /  / /
Good Day  Sun-shine.  Good Day  Sunshine.  And then we lie      beneath a shady tree,
C7  /   /   /       F  /   /   C7 F /Dm7 /  G7    /  // C7  /   /       /
I love her and she   loving me. She feels good  she knows she's looking fine.  I'm so proud to know that
F   /   /  // G  /   //D  /   // G  /   //D  /   // G  /   //D7 /   //
    She is mine.  Good Day  Sun-shine,   Good Day Sun-shine.   Good Day  Sun-shine.
G   /  // D7  /   //
Good Day  Sun - shine.
```

Good Morning Good Morning

CHORDS USED IN THIS SONG:

JOHN LENNON and
PAUL McCARTNEY

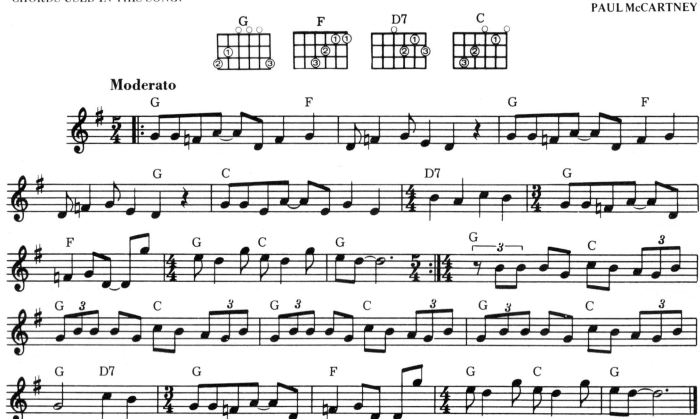

```
G      /    /     /  F  /    /      /  /G   /    /  F  /   /    /    /  G   /C    /
Nothing to do  to save his life, call  his wife in.  Nothing to say but what a day, how's your boy been?  Nothing to
   /   /   /  /D7//   /  G    /    /    /  F  //    /    G    /    /  C    /    G   /  //G
do  it's up to you. I've got nothing to say,  but it's O. K. Good morning, good morning, good morning.   Going
   /    /  F  /   /    /    /  /G   /    /    /  F   /    /    /   /  G   /C   /
to work  don't want to go, feeling low down.  Needing for home you start to roam, then you're in town.  Nothing
   /   /   /  /D7//   /  G    /    /    /  F  //    /    G    /    /  C    /    G   /  //G
to do it's up to you. I've got nothing to say,  but it's O. K. Good morning, good morning, good morning.
      /     C    /    /    G    /    /    C    /    /    G    /    /    C    /    /
Ev'rybody knows there's nothing doing.  Ev'rything is closed, it's like a ruin.  Ev'ryone you see is half asleep
G    /    /    C    /    /    G    /D7   /  G   /    /    /  F  /    /  G   /
    And you're on your own, you're in the street.  I've got nothing to say,  but it's O. K.  Good morning,   good
C    /    /    G    ///G   /    /    /  F  /    /    /    /  /G   /    /  F  //
morning, good morning.    After a while you start to smile, now  you feel cool.  Then you decide to take a walk,
   /   /  G   /C    /    /    /    /  /D7  //   /  G   /    /  F  //  G   /
by  the old school.   Nothing has changed, it's still the same. I've got nothing to say,  but it's O. K. Good morning,
      C    /    G    ///G   /    /    /  F  /    /    /  /G   /    /
good morning, good morning.    Somebody needs to know the time glad  that I'm here.  Watching the skirts you
F  /    /    /    /  /G   /C    /    /    /    /  /D7  //   /  G   /    /  F  //
start to flirt, now you're in gear.  Go to a show,   you hope she goes. I've got nothing to say,  but it's O. K. Good
G    /    C    /    G    ///G   /    /    /  C    /    /  G   /    /  C
morning, good morning, good morning.    People running round it's five o'clock. Ev'rywhere in town it's
   /  G   /    /  C   /    /  G   /    /  C   /    /  G   /D7  /  G   /    /  F
getting dark.  Ev'ryone you see in full of life.   It's time for tea and meet the wife.  I've got nothing to say, but it's
   /   /  G   /    /  C    /    G    //
O. K. Good morning,   good morning,   good morning.
```

Goodnight

JOHN LENNON and
PAUL McCARTNEY

CHORDS USED IN THIS SONG:

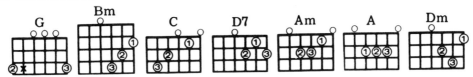

Very Slowly

G / Bm / C / / / G / C / / / D7 /
Now it's time to say good night, good night sleep tight.
G / Bm / C / / / G / C / / / D7 /
Now the sun turns out his light good night, sleep tight.
G / Am / G / Am / G / Am / G / Am /
Dream sweet dreams for me, Dream sweet dreams for you.
G / Bm / C / / / G / C / / / D7 /
Close your eyes and I'll close mine, good night, sleep tight.
G / Bm / C / / / G / C / / / D7 /
Now the moon begins to shine good night, sleep tight.
G / Am / G / Am / G / Am / G / / /
Dream sweet dreams for me, Dream sweet dreams for you.

G / Am / A / Dm / G / C / D7 / / /
Mm, Mm, Mm,
G / Bm / C / / / G / C / / / D7 /
Close your eyes and I'll close mine, good night, sleep tight.
G / Bm / C / / / G / C / / / D7 /
Now the sun turns out his light, good night, sleep tight.
G / Am / G / Am / G / Am / G / /
Dream sweet dreams for me, Dream sweet dreams for you.

Goodbye

CHORDS USED IN THIS SONG:

JOHN LENNON and
PAUL McCARTNEY

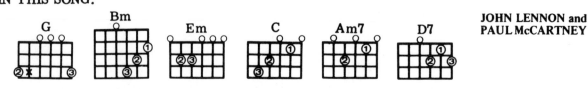

Moderately Bright

```
G   //  /  /  /  /  /Bm// /Em/  /  /  ///  / C/  /  /Am7/ / /D7 // G // D7/
Please   don't wake me up too late,  tomor-row comes    and I  will not be late.
G ////  /   / / Bm  ///Em//  ////  /  C    /D7 / G /Am7/  D7 /  //
Late   today, when it becomes  tomor-row,  I    will leave to go away.    Goodbye,
////   / /  /////  /  /  /  /  /  /  /  /  /  /  /  /  /
      Good-bye,     Good-bye,   Goodbye,  my love,  goodbye.
G  /// /  /  /  /  / Bm //  /Em/  /  /  ///  /  C/  /  /Am7/ / /D7 // G // D7/
Songs   that lingered on my lips  excite  me now   and lin-ger  on  my mind.
G   ///  /  / / / / Bm  // / Em /  /  /  ///  /  C  /  D7   / G /Am7 /
Leave   your flowers at my door, I'll leave  them for    the one who waits behind.
D7  /   ///// /  / ///// /  /  /  /  /  /  /  /  /  /  /////
Good-bye,      Good-bye,     Good-bye,   Goodbye,  my love,  goodbye.
G  ////  /  /  / Bm // /Em//  /  ///  /  C  / / /Am7/ / /D7 // G // D7/
Far   away, my lover sings  a lone-ly song   and calls me to  his side.
G  ///  /  /  /  / Bm //  /Em/  /  /  ///  /  C  /D7  /  G /  Am7 /
When   a song of lonely love   invites me on,   I must go  to his side.
D7  /   ////// /  /  /////// /  /  /  // /  /  /  /  /  /  G ///
Good-bye,      Good-bye,     Good-bye,   Goodbye,  my love,  goodbye.
```

Got To Get You Into My Life

JOHN LENNON and
PAUL McCARTNEY

CHORDS USED IN THIS SONG:

Moderately Slow

```
G  /   /   /   /   /   /   /      F  /   // ////  G  /   /   /   /
   I was alone, I took a ride, I didn't know what I would find there.    Another road where maybe
       /   /   /      F  /   // ////  Bm //  /   /   /   /   /   /
I could see another kind of life there.    Ooh,   then I suddenly see you. Ooh,   did I tell you I need you
C  /   /  /  Am7 /D7  /  G  /// ////  G  /   /   /   C  /// //// D7 /// G /// ////
Ev'ry single day   of my life?       Got to get you into my life!
G  /   /   /   /   /   /   /      F  /   // ////  G  /   /   /   /
   You didn't run, you didn't lie you knew I wanted just to hold you.      And had you gone you knew in time
       /   /   /      F  /   // ////  Bm //  /   /   /   /   /   /
We'd meet again for I'd have told you.    Ooh,   you were meant to be near me. Ooh   and I want you to
   /  /  C  /   /  /Am7 /D7  /  G  /// ////  G  /   /   /  C /// //// D7 /// G /// ////
Hear me say we'll be to-gether ev'ry day.     Got to get you into my life!
G  /   /   /   /   /   /   /      F  /   // ////  G  /   /   /   /
   What can I do, what can I be, when I'm with you I want to stay there.      If  I'm true I'll never leave
   /  /  /      F  /   // ////  Bm //  /   /   /   /   /   /
And if I do I know the way there.     Ooh,   then I suddenly see you. Ooh,   did I tell you I need you
C  /   // Am7 /D7  /  G  /// ////  G  /   /   /   C  /// /// D7 /// G /// ////
Ev'ry single day  of my life?       Got to get you into my life!
```

Happiness Is A Warm Gun

JOHN LENNON and
PAUL McCARTNEY

CHORDS USED IN THIS SONG:

Am/ / / / / / / Em / / / / / / / Am / / / / / / / Em / / / / / / /
She's not   a girl   who misses much,   Do do do do do do   do,   Oh Yeah!

Dm   /   /   /   /   /   /   / Am / / / / / /
     She's well acquainted with the touch of the velvet hand   like a lizard on a window pane.

/ Dm / / / / / / / / Am / / / / / / Dm / / /
The man in the crowd with the multicolored mirrors on his hobnail boots,   Lying with his eyes while

/ / / / Am / / / / / / Dm / / / / / / /
his hands are busy working overtime,   A soap impression of his wife which he ate and donated

Am / / / / / / / A7 //
to the National Trust.   I need a fix 'cause I'm going down   Down to the bits that I left up   town.

C / / / / / A7 / / / / / A7 / / / / / C / / / / / A7 / / / / / G7 / /
I need a fix 'cause I'm going down.   Mother Superior jump   the gun,   Mother Superior jump   the

/ / / C / Am / F / G7 / C / Am / F / G7 / Fm / / /
gun.   Happiness   is a warm gun,   Happiness   is a warm gun,   Happiness   is a warm,

/ C / / /
yes it is, gun!

From The Motion Picture "A HARD DAY'S NIGHT"

A Hard Day's Night

JOHN LENNON and
PAUL McCARTNEY

CHORDS USED IN THIS SONG:

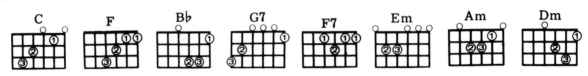

Moderately, with a beat

```
            C  / F /  C //      /   Bb   //  /  C //
It's been a hard  day's night    And I've been working   like a dog.
        /    / /  F  /    C //   /   Bb   // /  C //
It's been a hard  day's night,   I should be sleeping   like a log.
        /  F  /    /  /  G7   /  /    /      C /F7 / C //
But when I get home to you  I find the thing that you do  Will make me feel  al - right.
        /   C  / F /  C //     /   Bb   // /   C //
You know I work  all  day.    To get you money   to buy you things
       /    /    /   /  F  /  C //     /   Bb   // /  C //
And it's worth it just to hear you say    You're gonna give me   ev'rything.
       /  F   /    /   /  G7   /   /    /      C / F7 / C /
So why I love to come home  'Cos when I get you alone  you know I'll be  o - kay.
       /   /   Em ///  Am  /     /   /  Em  / / / / /
When I'm  home        ev'rything seems  to be alright,
       /   /    C  /// Am   /   /    /  Dm  ///  G7   /
When I'm  home        feeling you hold-ing me tight,   tight, Yeah.
         /    C  / F /  C //    /   Bb   // /   C //
It's been a hard  day's night   And I've been working   like a dog.
        /    / /  F  /   Bb   // /   C //
It's been a hard  day's night,  I should be sleeping   like a log.
        /  F   /   /   /  G7   /   /     /     C / F7 / C / F
But when I get home to you  I find the thing that you do  Will make me feel  al - right,
       /   C / F7 /   C / F   /   C / F7 /   Bb /// //// C ////
You know I feel  al - right,   You know I feel  al - right.
```

Hello Goodbye

By
JOHN LENNON and
PAUL McCARTNEY

CHORDS USED IN THIS SONG:

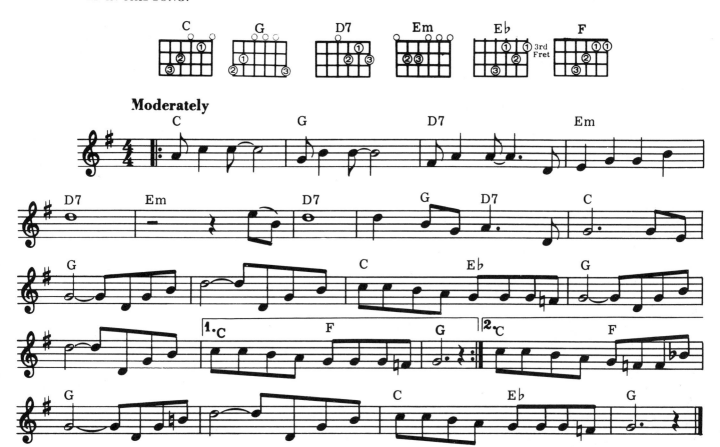

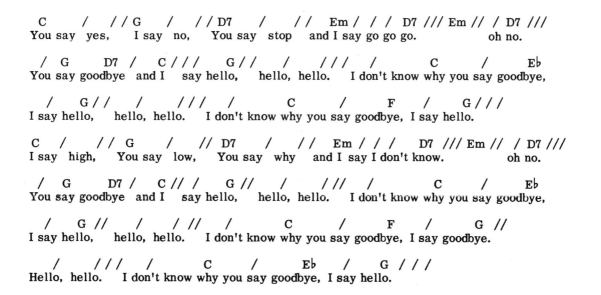

C   /   / / G   /   / / D7   /   / / Em / / / D7 / / / Em / / / D7 / / /
You say yes,   I say no,   You say stop   and I say go go go.   oh no.

/ G   D7 / C / / / G / /   /   / / /   /   C   /   Eb
You say goodbye and I   say hello,   hello, hello.   I don't know why you say goodbye,

/   G / /   /   / / /   /   C   /   F   /   G / / /
I say hello,   hello, hello.   I don't know why you say goodbye, I say hello.

C   /   / / G   /   / / D7   /   / / Em / / /   D7 / / / Em / / / D7 / / /
I say high,   You say low,   You say why   and I say I don't know.   oh no.

/ G   D7 / C / / / G / /   /   / / /   /   C   /   Eb
You say goodbye and I   say hello,   hello, hello.   I don't know why you say goodbye,

/   G / /   /   / / /   /   C   /   F   /   G / /
I say hello,   hello, hello.   I don't know why you say goodbye, I say goodbye.

/   / / /   /   C   /   Eb   / G / / /
Hello, hello.   I don't know why you say goodbye, I say hello.

Hello Little Girl

JOHN LENNON and
PAUL McCARTNEY

CHORDS USED IN THIS SONG:

When I see you ev'ryday I say mm mm Hello little girl. When you're passing on your way
I say mm mm Hello little girl. If I see you passing by I cry mm mm
Hello little girl. When I try to catch your eye I cry mm mm Hello little girl.
I send you flowers but you don't care, you never seem to see me standing there.
I often wonder what you're thinking of I hope it's me, love, love, love. So I hope there'll
come a day when you'll say mm mm you're my little girl, you're my little girl.

Help!

JOHN LENNON and
PAUL McCARTNEY

CHORDS USED IN THIS SONG:

1. When I was younger, so much younger than today, I never needed anybody's
Help in any way. But now these days are gone, I'm not so self assured.
Now I find I've changed my mind, I've opened up the doors. Help me if you can.
I'm feeling down And I do appreciate you being 'round.
Help me get my feet back on the ground. Won't you please, please, help me?

2. And now my life has changed in, oh, so many ways, My independence seems to vanish in the haze.
But ev'ry now and then I feel so insecure, I know that I just need you like I've never done before.
Help me if you can. I'm feeling down and I do appreciate you being 'round.
Help me get my feet back on the ground. Won't you please, please, help me?

3. When I was younger, so much younger than today, I never needed anybody's help in any way.
But now these days are gone, I'm not so self assured. Now I find I've changed my mind,
I've opened up the doors. Help me if you can, I'm feeling down and I do appreciate you being 'round.
Help me get my feet back on the ground. Won't you please, please, help me?
Help me! Help me! Oo.

Helter Skelter

By
JOHN LENNON and
PAUL McCARTNEY

CHORDS USED IN THIS SONG:

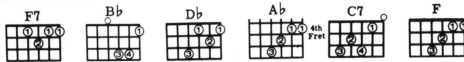

F7   Bb   Db   Ab   C7   F

Moderate Rock Tempo

F7 / / / / / / Bb / / /
When I get to the bottom, I go back to the top of the slide where I stop and I

/ / / / Db / / / / / /Ab///////
Turn and I go for a ride 'til I get to the bottom and I see you again.

F7 / / / / / / / //// //// / / / / / / / / /
Do you, don't you want me to love you?   I'm coming down fast, but I'm miles above you.

//// //// / / / / / / / /Ab / / / ///
            Tell me, tell me, tell me, come on tell me the answer.

/ C7 / / / / //// F ////////
Well, you may be a lover but you ain't no dancer.

Bb / / ///// F / / ///// Bb / / ///// F //////
Helter Skel-ter,   Helter Skel-ter,   Helter Skel-ter,   Yeah!

Her Majesty

JOHN LENNON and
PAUL McCARTNEY

CHORDS USED IN THIS SONG:

Bright Tempo

D / / / Bm7 / / / E7 / A7 / D /// / / / Bm7 / /
Her Ma - jesty's a pretty nice girl, But she doesn't have a lot to say.   Her Ma-jesty's a pretty nice girl,

/ E7 / / A //// Bm / / / F#sus / / / D7
But she changes from day to day.   I wanna tell her that I love her a lot, But I gotta

/ / / G //// / / Gdim D / B7 / Em7 / A7 / D
Get a belly-full of wine.   Her Ma-jesty's a pretty nice girl; someday, I'm gonna make her mine,

/ B7 / Em7 / A7 / D //
Oh, yeah! Someday, I'm gonna make her mine.

Here, There And Everywhere

CHORDS USED IN THIS SONG:

JOHN LENNON and
PAUL McCARTNEY

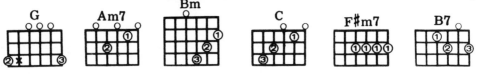

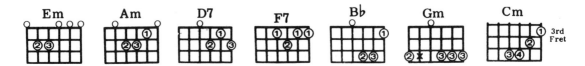

Slowly

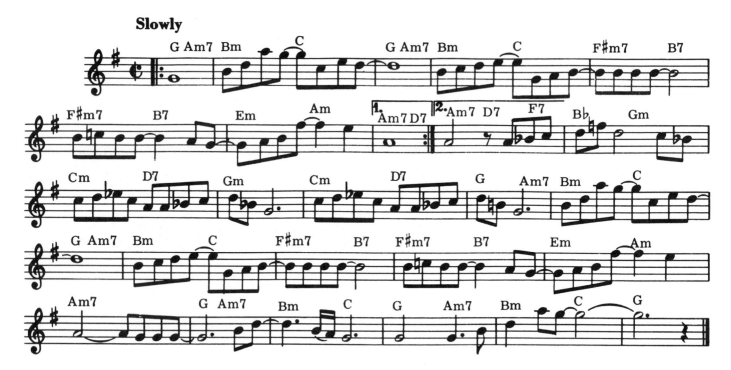

G / Am7 / Bm   /   C   /   G / Am7 / Bm   /   C
Here,   making each day   of the year,   Changing my life
    /   F#m7   /   B7 / F#m7   /   B7 / Em   /   Am   /   Am7 / D7 /
With a wave   of her hand.   No-body can   deny   that there's something there.
G / Am7 / Bm   /   C   /   G /Am7 / Bm   /   C   /
There   running my hands   thru her hair,   Both of us think-ing how good
F#m7   /   B7 / F#m7   /   B7 /   Em   /   Am   /   Am7 / D7
    it can be.   Someone is speak-ing but she   doesn't know   he's there.
    F7   Bb   /   Gm   /   Cm   /   D7   /   Gm   ///
I want her ev'rywhere,   And if she's beside me   I know I need never care.
Cm   /   D7   /   G   /Am7 / Bm   /   C   /   G / Am7 /
But to love her   is to meet her ev'rywhere,   knowing that love   is to share,
Bm   /   C   /   F#m7   /   B7 / F#m7   /   B7 /   Em
Each one believ-ing that love   never dies,   Watching her eyes   and hop-ing
    /   Am   /   Am7 //   /   G / Am7 /   Bm /   C   /
I'm al-ways there.   To be there   and ev - 'ry where,
    G / Am7 /   Bm   /   C / G //
Here,   there   and ev - 'rywhere.

Hey Bulldog

JOHN LENNON and
PAUL McCARTNEY

F7   ///   Cm   /// F7   /// Cm   ////   /   /   /
Sheepdog standing in the rain,   Bullfrog doing it again,   Some kind of happiness
Bb   /   // Cm   /   /   /   F7   /   //
Is measured out in miles.   What makes you think you're something special when you smile?
F7   ///Cm   /// F7   /// Cm   ///   /   /
Childlike no one understands,   Jack-knife in your sweaty hands.   Some kind of
/   /   Bb   /   // Cm   /   /   F7   /   //
Innocence is measured out in years,   You don't know what it's like to listen to your fears,
Fm / Db / Fm /   /   / Bbm ///   /   /   /   /   Bb7
You can talk to me,   you can talk to me.   You can talk to me if you're lonely
/   Bbm / Fm /// //// //// //// F7   /// Cm   /// F7   ///
You can talk to me.   Big man   walking in the park,   Wigwam
Cm   ///   /   /   /   Bb   /   //
Frightened of the dark,   Some kind of solitude is measured out in you,
Cm   /   /   /   F7   /   // Fm / Db / Fm /   /   /   Bbm ///
You think you know it but you haven't got a clue, You can talk to me,   you can talk to me.
/   /   /   /   Bb7   /   Bbm / Fm /// //// Cm //   /   F /// Cm //   /   F ///
You can talk to me if you're lonely you can talk to me.   Hey Bulldog.   Hey Bulldog.

Hey Jude

CHORDS USED IN THIS SONG:

By
JOHN LENNON and
PAUL McCARTNEY

F   //   /   C   ///   C7   //   /   F   ///
Hey Jude,   don't make it bad,   take a sad song   and make it better.

Bb   /   /   /   F   //   /   C7   /   /   /   F   //
Remember to let her into your heart,   then you can start to make   it better.

/   F   //   /   C   ///   C7   //   /   F   ///
Hey Jude,   don't be afraid,   you were made to   go out and get her.

Bb   /   /   /   F   //   /C7   /   /   /   F   ///
The minute you let her under your skin,   then you begin   to make it better.

F7   /   /   /   Bb   /   //
Any any time you feel the pain,   Hey Jude,

Gm7   /   /   /   C7   /   /   /   F   /   //
Refrain,   don't carry the world upon   your shoulders.

F7   /   /   /   Bb   /   /   /Gm7
For now you know that it's a fool who plays it cool

/   /   /   C7   ///   F   /   /   /   F7   /   C7   /   /   /
By making his world a little colder.   Da da da da da da da da da da.

/   F   //   /   C   ///   C7   //   /   F   ///
Hey Jude,   don't let me down,   you have found her,   now go and get her.

Bb   /   /   /   F   //   /   C7   /   /   /   F   ///
Remember to let her into your heart,   then you can start   to make   it better.

Hold Me Tight

JOHN LENNON and
PAUL McCARTNEY

CHORDS USED IN THIS SONG:

Moderato

G7 / / / C // / F ///D7 / / / G7 / / / C // / F ///D7
It feels so right now. Hold me tight, Tell me I'm the on-ly one And then I might
/ / // G7 / / / C // / C7 // / F // / Fm // / C ///Fm /
Never be the lonely one. So, hold me tight tonight, tonight. It's you,
/ / C / / / G7 /// C /// F ///D7 / / / G7 / / / C //
You, you, you - oo - oo - oo - oo. Hold me tight, Let me go on loving you tonight,
/ F ///D7 / / / G7 / / / C // / C7 // / F // / Fm //
Tonight, Making love to only you. So, hold me tight tonight, tonight.
/ C ///Fm / / / C / / / Eb // / C ///Eb / / / C / // F
It's you, you, you, you - oo - oo - oo - oo. Don't know what it means to hold you tight,
/ // Dm / / / D7 /// G7 / / / C /// F ///D7
Being here alone tonight with you. It feels so right now. Hold me tight,
/ / / G7 / / / C /// F ///D7 / / / G7 / / / C // / C7 //
Let me go on loving you tonight, tonight, Making love to only you. So, hold me tight
/ F // / Fm // / C ///Fm / / / C / / / Eb /// C ///Eb /// C ///
Tonight, tonight It's you, you, you, you - oo - oo - oo - oo - oo - oo, You-oo-oo.

Honey Pie

JOHN LENNON and
PAUL McCARTNEY

CHORDS USED IN THIS SONG:

Moderate Bounce

F / ///   /   /   /Db7 / //D7   /   /   / G7 / //
Honey Pie,   You are mak-ing me cra - zy,   I'm in love, but I'm la - zy,

C7   /   /   / F ///Gm7 / C7   /   F   /   ///   / / /
So won't you please come home.   Oh, Honey Pie,   My posi-tion is

Db7 / // D7   /   /   / G7 / //C7   /   /   / F /// ////
Tra-gic,   Come and show me the ma - gic,   of your Hol-lywood song.

Dm   /   // G7 /Gm7 C7 F   /   ///   / F7 /   Gm7   /   /   /
You became a legend of the silver screen,   And now the thought of meet-ing you

D7   /   /   / Gm7 ///C7 /   /   /   F   /   ///   /   /   /
Makes me weak in the knee,   T T Tee. Oh Honey Pie,   You are driv-ing me

Db7 / // D7   /   /   /G7 / // Gm7   /   C7   /   F /
Frantic,   Sail across the Atlan-tic,   To be where you be - long.

    / /Db7   /   C7   /   F / / / / / /
Honey Pie, Come back to me.

I Am The Walrus

JOHN LENNON and
PAUL McCARTNEY

CHORDS USED IN THIS SONG:

Moderato

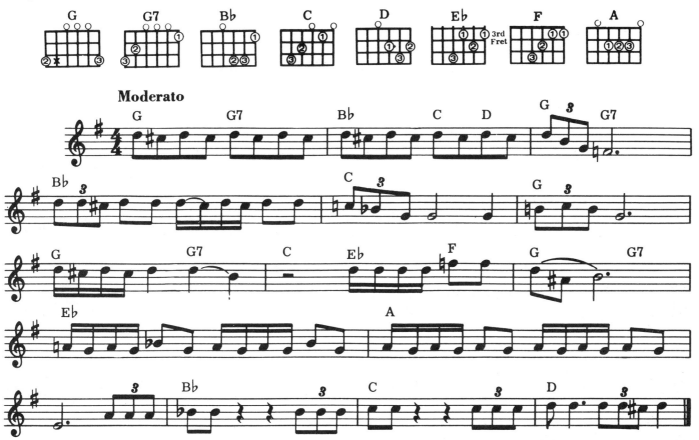

```
G    /    G7   /    Bb   /    C    D  G G7 //  Bb   /    /    /
```
I am he as you are he as you are me and we are all together.   See how they run like pigs from a gun,
```
     C    // / G / //  G         /   G7 / C / Eb       F    G / G7 /
```
See how they fly I'm crying.   Sitting on a cornflake   waiting for the van to come.
```
Eb   /    /    /    /         A         /    /    /    /       ///
```
Corporation tea shirt, stupid bloody Tuesday. Man, you been a naughty boy, you let your face grow long.
```
/    Bb   // /         C    /// /         D    / /         /
```
I am the eggman,   they are the eggmen,   I am the walrus,   goo goo g' joob.
```
G    /    G7   /    Bb   /    C    D  G G7 //  Bb   /    /    /
```
Mister City p'liceman sitting pretty little p'licemen in a row.   See how they fly like Lucy in the sky,
```
     C    / / / /    G /// G         /   G7 / C / Eb       F    G / G7 /
```
See how they run, I'm crying. Yellow matter custard   dripping from a dead dog's eye.
```
Eb   /    /    /    /         A         /    /    /    /       ///
```
Crabalocker fishwife pornographic priestess. Boy, you been a naughty girl, you let your knickers down.
```
/    Bb   // /         C    /// /         D    / /         /
```
I am the eggman,   they are the eggmen,   I am the walrus,   goo goo g' joob.
```
G    /    G7   /    Bb   /    C    D  G G7 //  Bb   /
```
Expert texpert choking smokers don't you think the joker laughs at you?   See how they smile
```
     /    /    /    C    / / / G /// G         /   G7 / C
```
Like pigs in a sty, see how they snied, I'm crying. Semolina Pilchards
```
Eb        F    G / G7 / Eb   /    /    /         A
```
Climbing up the Eiffel Tower.   Element'ry penguin singing Hare Krishna. Man, you should have
```
/    /    /    /    /// /         Bb   // /         C    //
```
Seen them kicking Edgar Allan Poe. I am the eggman,   they are the eggmen,
```
/         D    / /         /
```
I am the walrus,   goo goo g' joob.

I Call Your Name

JOHN LENNON and
PAUL McCARTNEY

CHORDS USED IN THIS SONG:

I call your name but you're not there, was I to blame for being unfair,

Oh I can't sleep at night since you've been gone. I never weep at night

I can't go on. Well don't you know I can't take it. I don't know who can, I'm not goin' to

mayayake it I'm not that kind of man. Oh I can't sleep at night, But just the same

I never weep at night I call your name, I call your name.

I Don't Want To See You Again

JOHN LENNON and
PAUL McCARTNEY

CHORDS USED IN THIS SONG:

F / / / Am / / / Bbm / // C7 / / / F / / / Am / / /
I hear that love is planned. How can I understand when someone says to me

Bbm / / / F /// F / / Am / / / Bbm / / / C7
I don't want to see you again? Why do I cry at night? Something wrong

/ / / F / / Am / / Bbm / / / F /// Bb
could be right. I hear you say to me I don't want to see you again. As you

F / Bb F / Bb F / Dm /// Gm / A7 / Dm /
turned your back on me, you hid the light of day. I didn't have to play

/ / G7 /// C7 / / F / / Am / / Bbm / / / C7 / / /
at being broken hearted. I know that later on after love's been and gone,

F / / / Am / / Bbm / / / F ///
I'll still hear someone say I don't want to see you again.

I Don't Want To Spoil The Party

JOHN LENNON and
PAUL McCARTNEY

CHORDS USED IN THIS SONG:

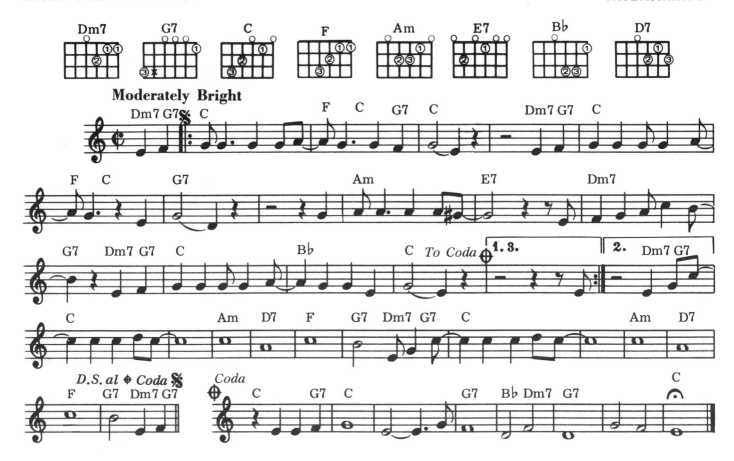

Moderately Bright

Dm7 G7 C / / / F C / G7 C /// // Dm7 G7 C / / / F C // G7 /// ///
I don't want to spoil the par-ty so I'll go. I would hate my disap-point-ment to show.
/ Am / / / E7 /// Dm7 / / / G7 / Dm7 G7 C / / / Bb
There's nothing for me here, So I will disap-pear. If she turns up while I'm gone
/ / / C /// //// C / / / F C / G7 C /// // Dm7 G7 C / / /
Please let me know. I've had a drink or two and I don't care. There's no fun in what I do
F C / / G7 /// /// Am / / / E7 /// Dm7 / / / G7 / Dm7
If she's not there. I wonder what went wrong, I've waited far too long.
G7 C / / / Bb / / / C /// // Dm7 G7 C / / / ////
I think I'll take a walk and look for her. Though tonight she's made me sad,
Am /// D7 /// F /// G7 / Dm7 G7 C / / / //// Am /// D7 /// F /// G7 /
I still love her If I find her I'll be glad, I still love her.
Dm7 G7 C / / / F C / G7 C /// // Dm7 G7 C / / / F C // G7 /// ///
I don't want to spoil the par-ty so I'll go. I would hate my disap-point-ment to show.
/ Am / / / E7 /// Dm7 / / / G7 / Dm7 G7 C / / / Bb
There's nothing for me here, So I will disap-pear. If she turns up while I'm gone
/ / / C /// //// C / / / F C / G7 C ///// Dm7 G7 C / / /
Please let me know. I've had a drink or two and I don't care. There's no fun in what I do
F C / / G7 /// /// Am / / / E7 /// Dm7 / / / G7 / Dm7
If she's not there. I wonder what went wrong, I've waited far too long.
G7 C / / / Bb / / / C /// C // G7 C /// //// G7 /// Bb / Dm7 / G7 /// //// C
I think I'll take a walk and look for her.

I Feel Fine

JOHN LENNON and
PAUL McCARTNEY

CHORDS USED IN THIS SONG:

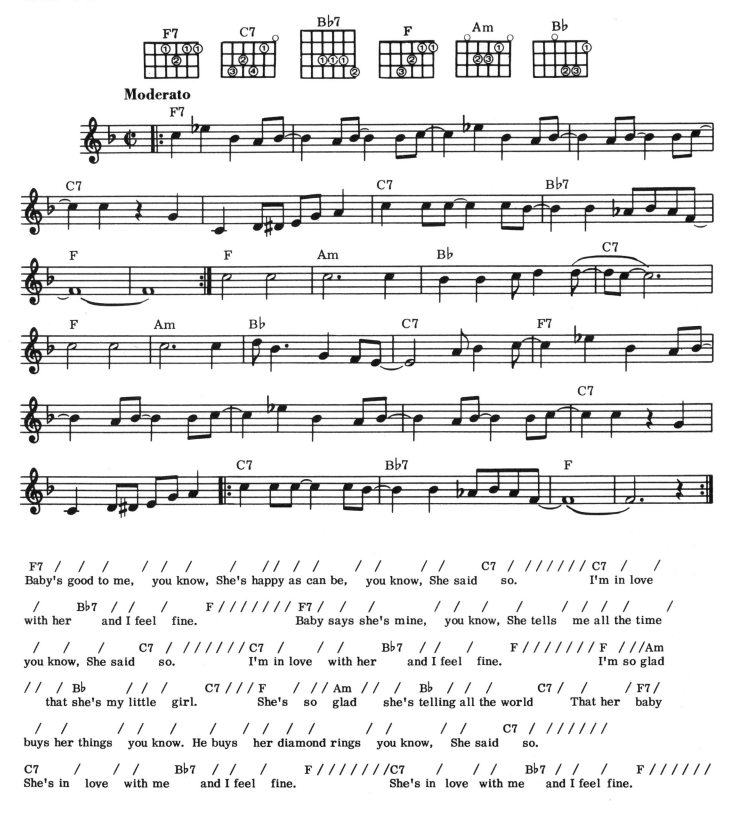

F7 / / / / / / / / / / / / / / / / C7 / / / / / / / C7 / /
Baby's good to me, you know, She's happy as can be, you know, She said so. I'm in love

/ Bb7 / / / F / / / / / / / F7 / / / / / / / / / / / / / /
with her and I feel fine. Baby says she's mine, you know, She tells me all the time

/ / / C7 / / / / / / / C7 / / / / Bb7 / / / F / / / / / / F ///Am
you know, She said so. I'm in love with her and I feel fine. I'm so glad

/ / / Bb / / / / C7 ///F / / / Am / / / Bb / / / C7 / / / F7 /
that she's my little girl. She's so glad she's telling all the world That her baby

/ / / / / / / / / / / / / / / / / / / C7 / / / / / /
buys her things you know. He buys her diamond rings you know, She said so.

C7 / / / Bb7 / / / F / / / / / / /C7 / / / / Bb7 / / / F / / / / / /
She's in love with me and I feel fine. She's in love with me and I feel fine.

© Copyright 1964 for the World by NORTHERN SONGS LIMITED

From The Motion Picture "HELP!"

I Need You

GEORGE HARRISON

CHORDS USED IN THIS SONG:

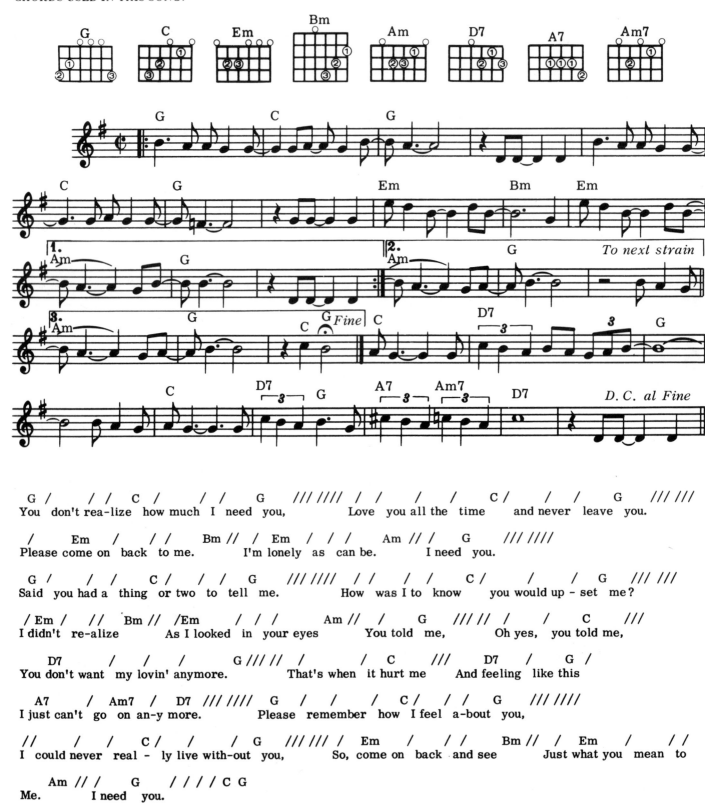

G / / / C / / / G /// //// / / / / / C / / / G /// ///
You don't rea-lize how much I need you, Love you all the time and never leave you.

/ Em / / / Bm // / Em / / / Am // / G /// ////
Please come on back to me. I'm lonely as can be. I need you.

G / / / C / / / G /// //// / / / / / C / / / G /// ///
Said you had a thing or two to tell me. How was I to know you would up - set me?

/ Em / / / Bm // /Em / / / Am // / G /// //// / / C ///
I didn't re-alize As I looked in your eyes You told me, Oh yes, you told me,

D7 / / / G /// // / / C /// D7 / G /
You don't want my lovin' anymore. That's when it hurt me And feeling like this

A7 / Am7 / D7 /// //// G / / / C / / / G /// ////
I just can't go on an-y more. Please remember how I feel a-bout you,

// / / C / / / G /// //// / Em / / / Bm // / Em / / //
I could never real - ly live with-out you, So, come on back and see Just what you mean to

Am /// / G / / / / C G
Me. I need you.

I Saw Her Standing There

JOHN LENNON and
PAUL McCARTNEY

CHORDS USED IN THIS SONG:

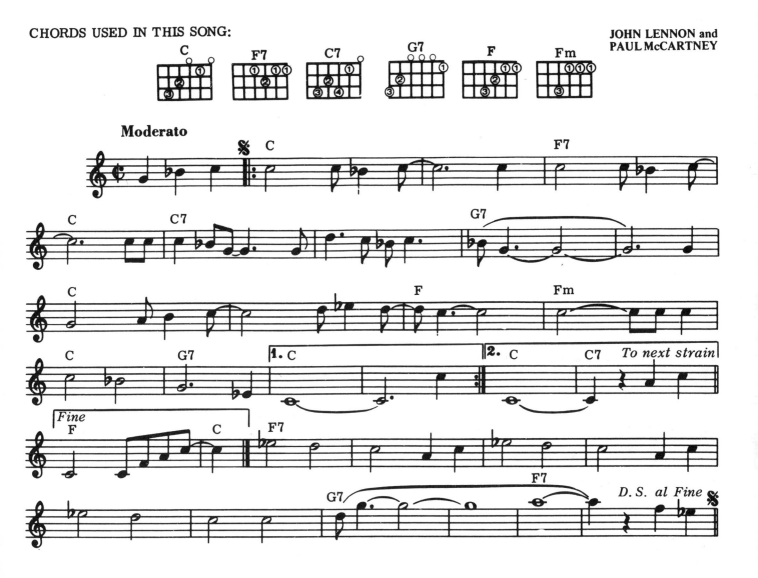

Well, she was just seven-teen,   you know what I mean,   And the way she looked
Was way beyond com-pare.   So, how could I dance   with an-oth- er,
Oh, when I saw her stand- ing there?   Well, she looked at me   and I, I could see
That before too long   I'd fall in love with her.   She wouldn't dance   with an-oth - er,
Oh, when I saw her stand - ing there.   Well, my heart went zoom when I
Crossed that room And I held her hand in mine!   Oh, we danced
Through the night   and we held each other tight   And before too long   I fell in love with her.
Now I'll never dance   with an-oth - er,   Oh, since I saw her stand - ing there.

I Should Have Known Better

JOHN LENNON and
PAUL McCARTNEY

CHORDS USED IN THIS SONG:

C / G7 / C / G7   /   C   /   G7   /   C / G7 /   C   /   G7   /
I   should have known better with a girl like you,   That I would love ev'rything that you do;

C //   /   F //   /   G7 //   /   C / G7 / C / G7   /
And I do,   Hey, hey, hey,   And I do.   Whoa, oh,

C / G7 / C / G7   /   C   /   G7   /   C / G7 /   C   /   G7   /   C //   /
I   never realized what a kiss could be,   This could only happen to me;   Can't you see,

F //   /   E7 /// Am /   /   / F /   /   / C   /   // E7 /// Am /   /   /   /
Can't you see,   That when I tell you that I love you,   Oh,   You're gonna say

/   /   / C   /   / G7   C //   / F /   /   / G7 /   /   / C   /// Am ///
You love me too, Hoo, hoo, hoo, hoo, Oh,   And when I ask you to be mine,

F   /   /   / G7 /   /   / C / G7 / C /   G7   /   C / G7 / C /   G7   /   C/G7/C //
You're gonna say you love me too.   You love me too,   You love me too.

I Wanna Be Your Man

JOHN LENNON and
PAUL McCARTNEY

CHORDS USED IN THIS SONG:

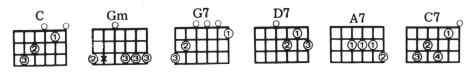

Moderato

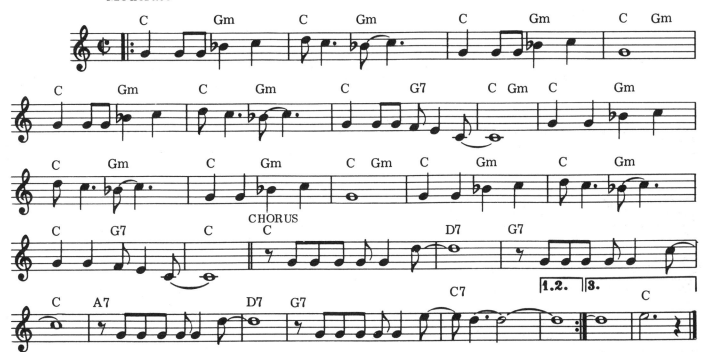

```
C   /   Gm  /   C   /Gm /C   /   Gm  /   C   /Gm /C   /   Gm  /   C   /Gm /
I wanna be your lover,  babe,  I wanna be your man.      I wanna be your lover,  babe,
C   /   G7  /   C   /Gm /C   /   Gm  /   C   /   Gm  /   C   /   Gm  /   C /Gm /
I wanna be your  man.      Love you like no other,  babe,  like no other can.
   C   /   Gm  /   C   /   Gm  /   C   /   G7  /   C   ///C   /   /   /   D7  ///
Love you like no other,  babe,  Like no other  can.      I wanna be your  man,
G7  /   /   /   C   ///A7  /   /   /   D7  ///G7  /   /   /
   I wanna be your  man,      I wanna be your  man,      I wanna be your  man.
C7  ///  ////  C   /   Gm  /   C   /   Gm  /   C   /   Gm  /   C /Gm /
   Tell me that you love me,  babe,  Tell me you understand.
   C   /   Gm  /   C   /   Gm  /C   /   G7  /   C   /Gm /C   /   Gm  /   C   /   Gm  /
Tell me that you love me,  babe,  I wanna be your  man.      I wanna be your lover,  babe,
C   /   Gm  /   C   /Gm /C   /   Gm  /   C   /Gm /C   /   G7  /   C   ///
I wanna be your  man.      I wanna be your lover,  babe,  I wanna be your  man.
C   /   /   /   D7  ///G7  /   /   /   C   ///A7  /   /   /
   I wanna be your  man,      I wanna be your  man,      I wanna be your man.
D7  ///G7  /   /   /   C7  ///  ////C   /   Gm  /   C   /   Gm  /
   I wanna be your  man.      I wanna be your lover,  babe,
C   /   Gm  /   C   /Gm /C   /   Gm  /   C   /   G7  /   C   /   Gm  /
I wanna be your man.      I wanna be your lover,  babe,  I wanna be your man.
   C   /   Gm  /   C   /   Gm  /   C   /   Gm  /   C /Gm /C   /   Gm  /   C   /   Gm  /
Love you like no other,  babe,  like no other can.      Love you like no other,  babe,
   C   /   G7  /   C   ///C   /   /   /   D7  ///G7  /   /   /   C   ///
Like no other  can.      I wanna be your  man,      I wanna be your  man,
A7  /   /   /   D7  ///G7  /   /   /   C7  ////C   ///
   I wanna be your  man,      I wanna be your  man.
```

I Want To Hold Your Hand

JOHN LENNON &
PAUL McCARTNEY

CHORDS USED IN THIS SONG:

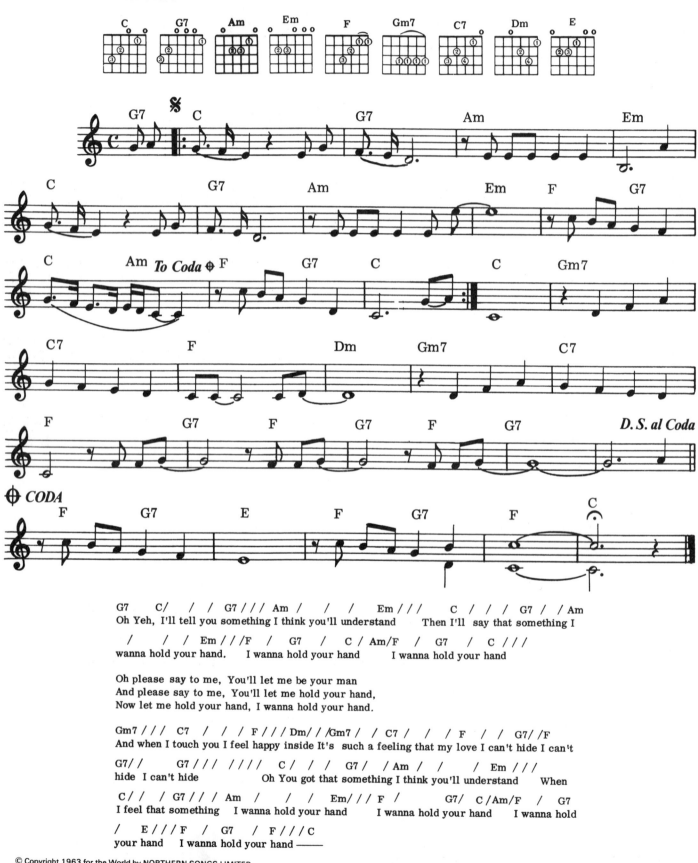

G7   C/ / / G7 / / / Am / / / / Em / / /   C / / / G7 / / Am
Oh Yeh, I'll tell you something I think you'll understand   Then I'll say that something I

/ / / Em / / / F / G7 / C / Am/F / G7 / C / / /
wanna hold your hand.   I wanna hold your hand   I wanna hold your hand

Oh please say to me, You'll let me be your man
And please say to me, You'll let me hold your hand,
Now let me hold your hand, I wanna hold your hand.

Gm7 / / / C7 / / / F / / / Dm / / /Gm7 / / C7 / / / F / / G7/ /F
And when I touch you I feel happy inside It's such a feeling that my love I can't hide I can't

G7/ /   G7 / / / / / / /   C / / / G7 / / Am / / / Em / / /
hide I can't hide   Oh You got that something I think you'll understand   When

C/ / / G7 / / / Am / / / / Em / / /F / G7/ C /Am/F / G7
I feel fhat something   I wanna hold your hand   I wanna hold your hand   I wanna hold

/ E / / / F / G7 / F / / / C
your hand   I wanna hold your hand ———

I Want To Tell You

GEORGE HARRISON

CHORDS USED IN THIS SONG:

G / / / / / / / /// / / / / / /A / / / /C / D7 ///
I want to tell   you   my head is filled with things to say   when you're here.

/ / C / D7 / / / G / / / / / / / / / G/ / / / / / ///   /
All those words, they seem to slip away.   When I get near   you   the games

/ / / / / A / / / / / C / D7 / / / / / C / D7 / / / G / / / / / /
begin to drag me down.   It's all right,   I'll make you maybe next time around.

Am /   / / D7 / / / G / / / A7 / / / Am7 /// Cm / / / G / / / / / / /
But if I seem to get unkind, it's only me, it's not my mind   that is confusing things.

G/ / / / / / / / / /// / / / / / / / A / / / / / C / D7 ///
I want to tell you   I feel hung up and I don't know why.   I don't mind,

/ / C / D7 / / / G /   / / / / / /
I could wait forever, I've got time.

I Want You (She's So Heavy)

CHORDS USED IN THIS SONG:

JOHN LENNON and
PAUL McCARTNEY

Am /// //   /   / /// ///   / / /// ///   /   // / // / Em   / F
I want you,   I want you so bad.   I want you,   I want you so bad,   It's driving me mad,

/ /   / Am /// /// / Dm /// // /   / / / // / /// / / / /// //
It's driving me mad.   I want you,   I want you so bad,   babe.   I want you,

/   / / / // / C   / Bb / A   / E7(b9) /// ///   / Am /// //   /   / / ///
I want you so bad,   It's driving me mad, It's driving me mad.   I want you,   I want you so bad.

/// / / /// //   /   / / / // / Em   / F / /   / Am /// ///   / Dm /// //
  I want you,   I want you so bad,   It's driving me mad, it's driving me mad.   I want you,

/   / / // / /// / / /// //   /   / / / // / C   / Bb
I want you so bad,   babe.   I want you,   I want you so bad,   It's driving me mad,

/ A   / E7(b9) /// // /   / Dm /// (E7-9) / Bb / A //   / Dm /// E7 / Bb / A ///
It's driving me mad.   She's so   heavy.   She's so heavy.

I Will

JOHN LENNON and
PAUL McCARTNEY

CHORDS USED IN THIS SONG:

```
C7    F    /    Dm /   Gm   /C7 /   F  /  Dm  /    Am / F7 / Bb /   C7  / Dm  /F
```
Who knows how long I've loved you, you know I love you still. Will I wait a lone-ly lifetime,
```
/    Bb  /   C7  /   F /Dm /Gm   //C7 F /Dm/  Gm  /C7 /  F  /   Dm   /    Am /
```
If you want me to, I will.   For if I ev-er saw you, I did-n't catch your name.
```
F7 /Bb  /   C7 /   Dm  /   F  /   Bb /   C7   /  F /F7 /  Bb    /    Am  /
```
But it nev-er real-ly mattered, I will al-ways feel the same.   Love you forev-   er
```
Dm  /  /  / Gm    /    C7  /   F /F7 /  Bb    /   Am /Dm /  /  /
```
And forev-er, Love you with all   my heart;   Love you whenev - er we're togeth-er,
```
G7    /   /   //C7 //  /   F  /   Dm /Gm /C7 /   F  /    Dm  /    Am /
```
Love you when we're apart. And when at last I find you, Your song will fill the air.
```
F7 /Bb  /   C7 /    Dm  /   F  /   Bb/   C7 /Dm /   F /    Bb  /    C7
```
Sing it loud so I can hear you, Make it ea-sy to be near you for the things you do
```
/  Dm   /  /   /   Gm  /    C7  /   F /  /
```
Endear you to me,   You know I will.

If I Fell

JOHN LENNON and
PAUL McCARTNEY

CHORDS USED IN THIS SONG:

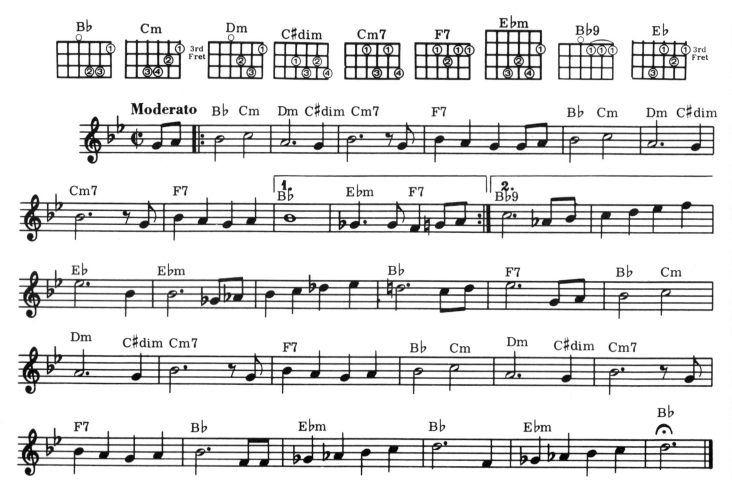

Bb /Cm/ Dm // C#dim Cm7 ///   F7 / / /   Bb /Cm/ Dm // C#dim Cm7///
If I give my heart to you,   I must be sure from the ve - ry start   that you

    F7 / / / Bb /// Ebm / F7 / Bb /Cm/ Dm // C#dim Cm7 ///
Would love me more than her.   If I trust in you,   Oh, please   don't

F7 / / / Bb /Cm/ Dm // C#dim   Cm7 ///   F7 / / / Bb9 //
Run and hide if I love you too,   Oh please   don't hurt my pride like her.

   /   /   /   / Eb /// Ebm // /   / / / / Bb // / F7 //
'Cause I couldn't stand the pain   and I   would be sad if our new love   was in vain.

/ Bb / Cm / Dm // C#dim Cm7 ///   F7 / / / Bb / Dm / Dm // C#dim Cm7 ///
So I hope you see   that I   would love to love you, And that she will cry

   F7 / / / Bb // / Ebm / / / Bb /// Ebm /// Bb //
When she learns we are two,   If I fell in love with you.

If I Needed Someone

CHORDS USED IN THIS SONG:

GEORGE HARRISON

F / / / Bb / / / F / / / Bb / / / Eb / / /Cm7/ / / F7 / / /
If I needed someone to love, You're the one that I'd be thinking of, If I needed someone.

Eb / F Eb F / / / Bb / / / F / / / Bb / / / Eb / / /
If I had some more time to spend, Then I guess I'd be with you my friend,

Cm7 / / / F7 / / /Eb / F / Cm / / / D7 / / / / / / / Gm / / //
If I needed someone. Had you come some other day then it might not have been like this.

Cm / / / D7 / / / Gm / / /C7 / / /F / / / Bb / / / F / / /
But you see now I'm too much in love. Carve your number on my wall and maybe you will

Bb / / / Eb / / /Cm7/ / / F7 / / //Eb / F Eb F / Eb / F Eb F Eb F / Eb / F Eb F Eb F //
get a call from me, If I needed someone.

I'll Be Back

JOHN LENNON and
PAUL McCARTNEY

CHORDS USED IN THIS SONG:

You know   if you break my heart I'll go,   But I'll be back a-gain,   'Cause I   told you
Once before goodbye,   But I came back a-gain.   I love you so   oh   I'm the one who
Wants you,   Yes, I'm the one who wants you, Oh ho,   Oh   ho,   Oh you   could find
Better things to do,   than to break my heart a-gain,   This time   I will try to show that I'm
Not trying to pre-tend.   I   thought that you would real-ize   that if I
Ran away from you that you would want me too, But I've got a big surprise,   Oh, ho,   Oh ho,   Oh
You   could find better things to do,   Than to break my heart a-gain,   This time   I will try
To show that I'm   not trying to pre-tend.   I wanna go   But I hate to leave you,
You know I hate to leave you, Oh ho,   Oh ho,   Oh you,   if you break my heart I'll go,
But I'll be back a-gain.

I'll Cry Instead

JOHN LENNON and
PAUL McCARTNEY

CHORDS USED IN THIS SONG:

F / Bb / F / Bb /   F / Bb / F / Bb /   F / Bb / F / Bb / C7 ///
I've got ev'ry reason on earth   to be   mad,   'Cause I've just lost the on - ly girl I had.
/// / Bb7 / / /   //// / / / /   F // / C7 //
    If I   could get my way,   I'd get myself locked up today, But I can't   So I cry
/ F / Bb / F / Bb /   F / Bb /   F / Bb /   F / Bb / F / Bb /
Instead.   I've got a chip on my shoulder that's big-ger than my feet,
F / Bb / F / Bb /   C7 /// //// / Bb7 / / / /   ////
I can't talk to peo-ple that I meet.   If I   could see you now,   I'd try to make you say it
/ / / / / F // / C7 // / F / Bb / F / / / Am / / / / / ///
Somehow, But I can't   So I cry   instead.   Don't want to cry when there's people there,
/ G / / / //// C / / / / / // Dm / / /
I get shy when they start to stare,   I'm gonna hide myself away,   ay hay;   But I'll come back
G / C7 / F / Bb / F / Bb / F / Bb / F / Bb /
Again someday.   And when I do you'd better hide   all the girls,
F / Bb / F / Bb /   C7 /// //// / Bb7 / / / ////
I'm gonna break their hearts   all 'round the world.   Yes, I'm   gonna break them in two,
/ / / / / / / / F // / C7 // / F /// ////
And show you what your lovin' man can do, Until then   I'll cry   instead.

I'll Follow The Sun

JOHN LENNON and
PAUL McCARTNEY

CHORDS USED IN THIS SONG:

One day you'll look to see I've gone, For tomorrow may rain, So I'll follow the sun.

Some-day you'll know I was the one, But tomorrow may rain, So

I'll follow the sun. And now the time has come and so my love I must go. And though I

Lose a friend, in the end you will know. Oh, One day you'll find that I have gone,

But tomorrow may rain, So I'll follow the sun.

I'll Get You

JOHN LENNON and
PAUL McCARTNEY

CHORDS USED IN THIS SONG:

C /// G /// C /// G ///C/ // / / // / F // / G7 //
Oh yeah, oh yeah, oh yeah, oh yeah. Imag-ine I'm in love with you, It's eas - y 'cause I know;

/ C / / / Am / / / F / / / / G7 /// C /// Bb / Gm7
I've imagined I'm in love with you many, many, many times before. It's not like me to pretend,

/ C / / / / Am /// F / / / / G7 /// C /// G //
But I'll get you, I'll get you in the end; Yes, I will, I'll get you in the end. Oh yeah, oh yeah.

C /// / / / / / F // / G7 // / C /// Am / //
I think about you night and day, I need you and it's true; When I think about you I can say

F / / / / G7 /// C /// Bb / Gm7 / C /
I'm never, never, never, never blue. So I'm telling you, my friend, That I'll get you,

/ / Am // / F / / / / G7 // / C /// G ///
I'll get you in the end; Yes, I will, I'll get you in the end. Oh yeah, oh yeah. Well, there's

F / // / / /// C/ / / / /// D7 / / // // / / G7 //
Gon-na be a time when I'm gon-na change your mind. So you might as well resign yourself to me.

/ / /// C/ // / / // F// / G7 /// C // / Am / //
Oh yeah. Imag-ine I'm in love with you, It's eas - y 'cause I know; I've imagined I'm in love with you

F / / / G7 /// C /// Bb / Gm7 / / / Am //
Many, many, many times before. It's not like me to pretend, But, I'll get you, I'll get you in the end;

/ F / / / G7 // / C /// G /// C /// G /// C ///
Yes, I will, I'll get you in the end. Oh yeah, oh yeah, oh yeah, oh yeah, oh yeah.

I'm A Loser

CHORDS USED IN THIS SONG:

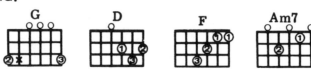

JOHN LENNON and
PAUL McCARTNEY

Moderately Bright

```
      G    /  /  /   D   / /      /    F  / /    /    G   / / / /     /   /   /    D   /
1.  Of all the love   I have  won     or have  lost,         There is one love
      G   /   F  / /     /   G     / / / /      /  /   /   D  / /    /   F / /      /     G / / /
    I should nev-er have crossed.       She was a girl  in a mil - lion, my  friend,
      /  /   /    D    /   G     F / / /   G    /   /   /Am7 / / /   D   /
    I should have known  she would win  in the end.  I'm a  los   -   er
      /   /   Am7  /  /   /     D   /   /  /   G / / /   D  /
    And I lost        someone who's near to me.  I'm a los - er,
        /Am7  /  / /  F  /  D/  G  /  /   /   D  /   /   F / /  /    G / / /
    And I'm not what I appear to be.  2.    Although I laugh  and I  act    like a clown.
      G   /   /  /    D  / G/  F / / /  G  / / / /     /   /   /   D / /    /   F /  /    / G / / /
      Beneath this mask  I am wear-ing a frown.       My tears are fall-ing like rain   from the sky,
      / / / /   D  / G /  F  / /  / G  /  /    /Am7 / / /  D   /  /   /  Am7  / /  /
    Is it for her  or myself  that I cry.   I'm a los  -  er and I lost       someone who's
      D   /   /    /  G / / /   /  //      /Am7  /  /  / F  /   D/
    Near to me.  I'm a los - er,    And I'm not what I appear to be.
```

3. What have I done to deserve such a fate, I realize I have left it too late. And so it's true,
    Pride comes before a fall, I'm telling you so that you won't lose all. I'm a loser
    And I lost someone who's near to me. I'm a loser, And I'm not what I appear to be.

I'm Down

JOHN LENNON and
PAUL McCARTNEY

CHORDS USED IN THIS SONG:

C / / / / / / / / / / / / / / C7 / / / / F / / / / / / / /
You tell lies thinking I can't see,   You don't cry 'cos you're laughing at me.   I'm down,   I'm

C / / / / / / / F / / / / / / / G7 /   Dm7 G7   C   /   / / G7   /
down,   I'm down.   How can you laugh   when you know I'm down?   How can you laugh

Dm7 G7   C   /   / / C / / / / / / / / / / / / / / C7 / /
     when you know I'm down?   Man buys ring, woman throw it away,   Same old thing happen every day.

/ F / / / / / / / C / / / / / / / F / / / / / / / G7   /   Dm7 G7   C   /   / /
I'm down,   I'm down,   I'm down.   How can you laugh   when you know I'm down?

G7   /   Dm7 G7   C   /   / / C / / / / / / / / / / / /
How can you laugh   when you know I'm down?   We're all alone and there's nobody else.   You still moan,

/   C7   /   / / F / / / / / / / C / / / / / / / F / / / / / / / G7 /
"Keep your hands to yourself." I'm down,   I'm down,   I'm down.   How can you laugh

Dm7 G7   C   /   / / G7   /   Dm7 G7   C   /   / / / C / / / / / /
     when you know I'm down?   How can you laugh   when you know I'm down? I said I'm down,

/ / / / / / / / / / F / / / / / / / C / / / / / / / G7 / / / F7 / / / C / / / /
I'm really down,   I'm really down,   I'm really down.   Oo,   oo,   Yeah! Yeah!

/ / / / / C / / / / / / / / / / / / / / / / F / / / / / / / C / / / / / / /
Yeah! Yeah! down,   I'm really down,   I'm really down,   I'm really down.

G7 / / / F7 / / / C / / / / / / / / / /
Oo,   oo,   Yeah! Yeah! Yeah! Yeah!

I'm Happy Just To Dance With You

JOHN LENNON and
PAUL McCARTNEY

CHORDS USED IN THIS SONG:

C / / Ebdim Dm7 / G7 / C / / Ebdim Dm7 / G7
I don't wanna kiss or hold your hand   If it's funny try an' under - stand,

/ F / / / C /Am / F / G7 / C //
There is really nothing else I'd rather do,   'Cause I'm happy just to dance with you.

/ C / / Ebdim Dm7 / G7 / C / / Ebdim Dm7 / G7
I don't need to hug or hold you   tight,   I just wanna dance with you all   night,

/ F / / / C /Am / F / G7 / C //
In this world there's nothing I would rather do,   'Cause I'm happy just to dance with you.

/ Am / //Dm7 / E7 / Am / / /Dm7 / E7 / Am / / /
Just to dance with you   is ev'rything I need.   Before this dance is through I think I'll

Dm7 / E7 Am F / G7 / C /// / C / / Ebdim Dm7 / G7
Love you too,   I'm so happy when you dance with me.   If somebody tries to take my   place,

/ C / / Ebdim Dm7 / G7 / F / / / C / Am
Let's pretend we just can't see his   face,   In this world there's nothing I would rather do,

/ F / G7 / Am /// Dm7 / Em / F / G7 / Am ///
'Cause I'm happy just to dance with you.   Oh, oh,   'Cause I'm happy just to dance with you.

Dm7 / Em / F / G7 / C
Oh, oh,   Oh, oh,   Oh.

I'm In Love

JOHN LENNON and
PAUL McCARTNEY

CHORDS USED IN THIS SONG:

Am / / /Ab+ / / / C / / /D7 / / / F / /
I've got something to tell you I'm in love, I've been longing to tell you I'm in love You'll believe me when I tell

/Fm / / / C //// / / Am ///Ab+ / / / F ///G7 / /
you I'm in love with you.   You're my kind of girl,   You make me feel proud,   You make

/ Am / //// / F / / /G7 /// C ///// / / Am ///Ab+/
me want to shout aloud Yes, I'm telling all my friends   I'm in love.   Ev'ry night I can't sleep

/ / F // /G7 / / / / Am / //// / F / / /G7 /// C ///
thinking of you,   And ev'ry little thing that you do Yes, I'm telling all my friends   I'm in love.

C // / F / / / / / / /// E7 / / / / / / /// Am / / / ////
Oh Yes, I'm sittin' on top of the world, I'm in love with a wonderful girl, And I never felt so good before

Dm7 / G7 / Dm7 /G7 /// / / Am///Ab+ / / / F ///
If this is love give me more more more more. Ev'ry night I can't sleep   thinking of you,

G7 / / / Am / ///// / F / / /G7 /// C ///////
And ev'ry little thing that you do Yes, I'm telling all my friends   I'm in love.

I'm Looking Through You

JOHN LENNON and
PAUL McCARTNEY

CHORDS USED IN THIS SONG:

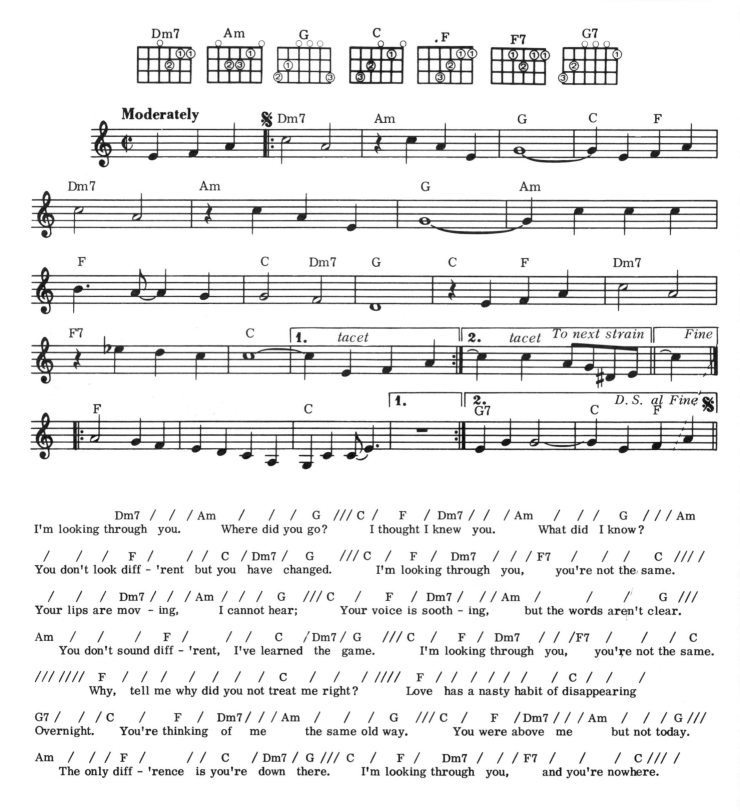

Dm7 / / /Am / / / G ///C / F /Dm7 / /Am / / / G ///Am
I'm looking through you.   Where did you go?   I thought I knew you.   What did I know?

/ / / F / / / C /Dm7 / G ///C / F / Dm7 / / /F7 / / / C ////
You don't look diff - 'rent but you have changed.   I'm looking through you,   you're not the same.

/ / / Dm7 / / /Am / / / G ///C / F /Dm7 / /Am / / / G ///
Your lips are mov - ing,   I cannot hear;   Your voice is sooth - ing,   but the words aren't clear.

Am / / / F / / / C /Dm7 / G ///C / F / Dm7 / / /F7 / / / C
You don't sound diff - 'rent, I've learned the game.   I'm looking through you,   you're not the same.

/// //// F / / / / / / / / / C / / / //// F / / / / / / C / / /
Why, tell me why did you not treat me right?   Love has a nasty habit of disappearing

G7 / / /C / F / Dm7///Am / / / G ///C / F /Dm7/// Am / / / G ///
Overnight.   You're thinking of me   the same old way.   You were above me   but not today.

Am / / /F / / / C /Dm7 / G ///C / F / Dm7 / / /F7 / / / C ////
The only diff - 'rence is you're down there.   I'm looking through you,   and you're nowhere.

I'm Only Sleeping

JOHN LENNON and
PAUL McCARTNEY

CHORDS USED IN THIS SONG:

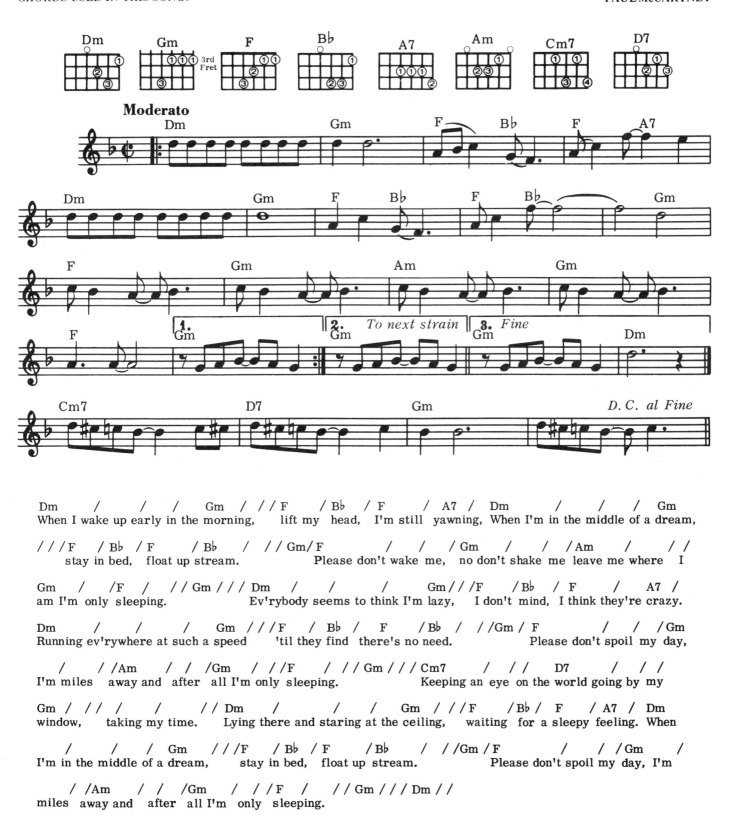

Dm / / / Gm ///F /B♭ / F / A7 / Dm / / / Gm
When I wake up early in the morning, lift my head, I'm still yawning, When I'm in the middle of a dream,

///F /B♭ / F /B♭ / //Gm/F / / /Gm / / /Am / //
stay in bed, float up stream. Please don't wake me, no don't shake me leave me where I

Gm / /F / //Gm ///Dm / / / Gm///F /B♭ / F / A7 /
am I'm only sleeping. Ev'rybody seems to think I'm lazy, I don't mind, I think they're crazy.

Dm / / / Gm ///F /B♭ / F /B♭ / //Gm / F / / /Gm
Running ev'rywhere at such a speed 'til they find there's no need. Please don't spoil my day,

/ //Am / / /Gm / //F / / /Gm ///Cm7 / / / D7 / //
I'm miles away and after all I'm only sleeping. Keeping an eye on the world going by my

Gm / / / / //Dm / / / Gm ///F /B♭ / F / A7 / Dm
window, taking my time. Lying there and staring at the ceiling, waiting for a sleepy feeling. When

/ / / Gm ///F /B♭ / F /B♭ / //Gm /F / / /Gm /
I'm in the middle of a dream, stay in bed, float up stream. Please don't spoil my day, I'm

/ //Am / / /Gm / //F / //Gm ///Dm //
miles away and after all I'm only sleeping.

I'm So Tired

JOHN LENNON and
PAUL McCARTNEY

CHORDS USED IN THIS SONG:

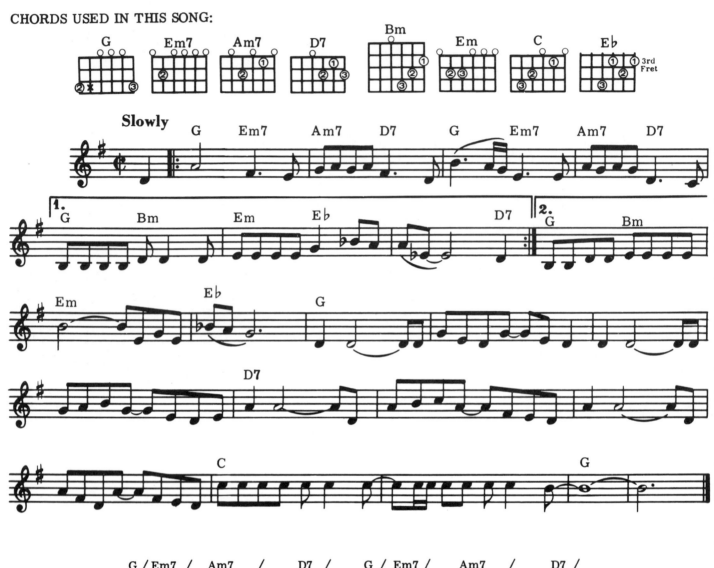

G / Em7 / Am7   /   D7 /   G / Em7 /   Am7   /   D7 /
I'm so tired, I haven't slept a wink, I'm so tired, my mind is on the blink.

   G   /   Bm   /   Em   /   E♭   /   ///
I wonder should I get up and fix myself a drink, no, no, no.

  D7 G / Em7 /   Am7   /   D7 /   G / Em7 /   Am7   /   D7 /
I'm so tired, I don't know what to do, I'm so tired, my mind is set on you.

   G   /   Bm   /   Em //   /   E♭ /// G / / /
I wonder should I call you but I know what you would do.   You say

   /   /   /   /   / / //   /   /   /   / D7   ///
I'm putting you on, but it's no joke, it's doing me harm, you know I can't sleep,

   /   /   /   /   /   ///   /   /   /   /
I can't stop my brain, you know it's three weeks, I'm going insane, You know I'd

  C   /   /   /   /   /   /   /   G /// / //
Give you ev'rything I've got for a little peace of mind.

In My Life

JOHN LENNON and
PAUL McCARTNEY

CHORDS USED IN THIS SONG:

F   Dm   F7   Bb   Bbm   Eb   G7   C

Moderately

F / / /Dm /F7 / Bb /Bbm / F / / / / // / /
There are places I'll remember   All my life,   though some have changed, Some forever, not for

Dm /F7 / Bb /Bbm/ F / / / Dm / / / Bb /// Eb /
better,   Some have gone   and some remain. All these places had their moments   With lovers and

/ / F / / // Dm / / / G7 /// Bb /Bbm/ F / / /////
friends I still can recall.   Some are dead and some are living.   In my   life I've loved them all.

C // / F / / /Dm /F7 / Bb /Bbm/ F / / / / ///
But of all these friends and lovers,   There is no one compares with you, And these mem'ries

/ / Dm /F7 / Bb / Bbm/ F / / / Dm / / / Bb //
lose their meaning   When I think of love as something new. Though I know I'll never lose affection

Eb / / / F / // Dm / / / G7 /// Bb /Bbm/
For people and things that went before,   I know I'll often stop and think about them,   In my life J

F / / /////C// / Dm / / / Bb /// Eb / / / F
love you more.   Though I know I'll never lose affection   For people and things that went

Dm / / / G7 // Bb /Bbm/ F / / ///// C/// //
I know I'll often stop and think about them,   In my   life I'll love you more.   In my

/ / F ///C///F///
life I'll love you more.

The Inner Light

GEORGE HARRISON

CHORDS USED IN THIS SONG:

F / F7 / Bb /// F / F7 / Bb /// F / F7 / Bb ///
Without going out of my door   I can know all things on earth.   Without looking out of my window I could

F / F7 / Bb /// / / / / / F /// / / / /Eb /// F / /
know the ways of heaven.   The farther one travels   the less one knows,   the less one knows.

/ Bb /// F /// F / F7 / Bb /// F / F7 / Bb /// F / F7 /
Without going out of my door   you can know all things on earth.   Without looking out of

Bb / / / F / F7 / Bb / / / / / / / F /// / / / /Eb
your window   you can know the ways of heaven.   The farther one travels   the less one knows,

/// F / / /Bb /// F /////// F / / / /// / / / / /////
the less one knows.   Arrive without traveling,   See all without looking.

It Won't Be Long

JOHN LENNON and
PAUL McCARTNEY

CHORDS USED IN THIS SONG:

```
C  /  /  /   Ab /  /  /  C ////  /   // Ab /  /  /  C //////  /   Am
Ev'ry night  when ev'rybod-y has fun,  Here am I  sitting all  on my own.   It won't be long.

/  /  /  /  /  /   /      C  /  //////  /    Am /  //  F/ D7 G7  C ///////
Yeh, yeh yeh. It won't be long. Yeh, yeh, yeh. It won't be long. Yeh.  Till I  belong   to you.

/    /   /  ///  G7  /   //   Gm  ///   A7  /   //  F /  /  /  G7
Since you left me,  I'm so alone;  Now you're coming,  you're coming on home,  I'll be good like I know

/   /  /     /   F  /  /   /  G7 ///  C /  /  /   Ab  /   /    /  C ////
I should. You're coming home,  you're com-ing home.   Ev'ry night the tears come down  from my eyes,

/   /  //Ab /  /  /  C /// ///  /    Am /  /  /  /  /  /  /   C  //
Ev'ry day I've done noth-ing but cry.   It won't be long. Yeh, yeh yeh. It won't be long. Yeh,

/  /  /  /   /  Am  //  /  F/ D7 G7  C /// ////  /   /  /// G7  /   /
Yeh, yeh. It won't be long. Yeh.  Till I  belong   to you.   Since you left me,   I'm so alone;

/   Gm  ///   A7  /   //  F /  /  /  G7 /   /   /   F  /
Now you're coming,  you're coming on home,  I'll be good like I know I should.  You're coming home.

/   /  G7 /// C /  /  //Ab  /  /  /  C ////  /  /  /   Ab  /   /   /  C //////
You're com-ing home.   Ev'ry day  we'll be hap-py I know,  Now I know  that you won't leave  me no more.

/   Am /  /  /  /  //  /   C  /  /  /  /  /  /   /  Am /  //
It won't be long. Yeh, yeh yeh. It won't be long. Yeh, yeh, yeh. It won't be long. Yeh.

F/  /  G7 C ////////
Till I  belong  to you.
```

From The Film "THE BEATLES YELLOW SUBMARINE"

It's All Too Much

GEORGE HARRISON

CHORDS USED IN THIS SONG:

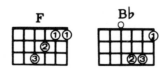

Moderately Bright

F / / /// / // / / / / ///// / / / / // the
When I look into your eyes, your love is there for me. And the more I go in-side, the
/ / / / /// Bb / F / Bb / F/ Bb / F / / ///
More there is to see. It's all too much for me to take the love that's shin-ing all around you.
Bb / F Bb / F / Bb / F / F///
Ev'ry-where it's what you make for us to take, it's all too much.
F / / / / / // / / / / ///// / / / / / //
Floating down the stream of time, from life to life with me. Makes no diff'rence where you are
/ / / /// Bb / F/ Bb / F/ Bb / F A / ///
Or where you'd like to be. It's all too much for me to take the love that's shin-ing all around you.
Bb / F/ Bb / F/ Bb / F / F///
All the world is birthday cake so take a piece, but not too much.
F / / / / / // / / / / ///// / / / / //
Sail me on a silver sun, where I know that I'm free. Show me that I'm ev'ry-where
/ / / //// Bb / F/ Bb / F/ Bb / F / ////
And get me home for tea. It's all too much for me to take there's plenty there for ev'rybody.
Bb / F/ Bb / F / Bb / F / F// Bb / F/
The more you give the more you get, the more it is and it's too much. It's all too much.
Bb /'F / Bb / /// F /// Bb / F/ Bb / F/ Bb /// F ///
It's all too much.

© Copyright 1968 for the World by NORTHERN SONGS LIMITED,

It's For You

JOHN LENNON and
PAUL McCARTNEY

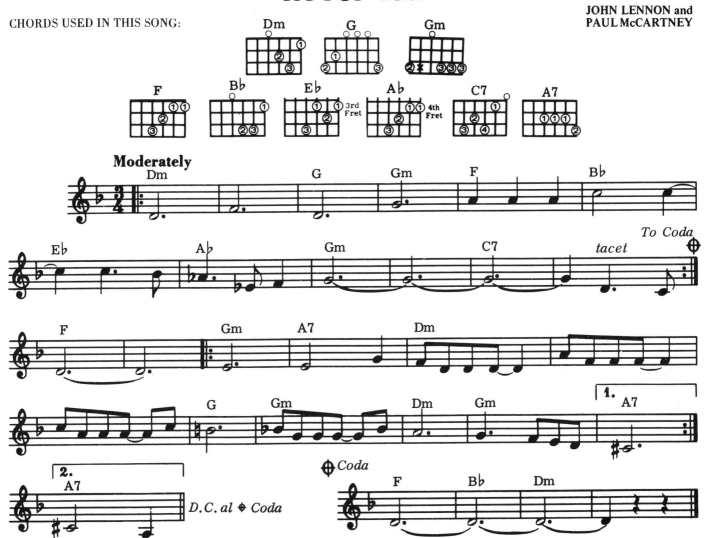

Dm // / // G // Gm // F / / Bb / / Eb / / Ab / /Gm//////C7 /// / / Dm //
I'd say some day I'm bound to give my heart a-way, When I do it's for you
/ // G // Gm // F / / Bb / / Eb / / Ab / / Gm //////C7 /// / / F /////
Love, true love Seems to be all I'm think-ing of, But it's true, it's for you.
Gm // A7 / / Dm / / / / / / / / / G // Gm / / Dm //
They said that love was a lie, told me that I should never try to find somebody who'd be kind,
Gm / / A7 //Gm // A7 / / Dm / / / / / / / / / / / G //
Kind to only me. So I just tell them they're right. Who wants a fight? Tell them I quite agree
Gm / / /Dm // Gm / / A7 / / Dm // / // G // Gm //F / / Bb / /
Nobody'd love me Then I look at you and love comes, love shows, I give my heart and
Eb // Ab / /Gm //////C7 /// / / F //Bb //Dm // / / /
No one knows that I do; it's for you.

I've Got A Feeling

JOHN LENNON &
PAUL McCARTNEY

CHORDS USED IN THIS SONG:

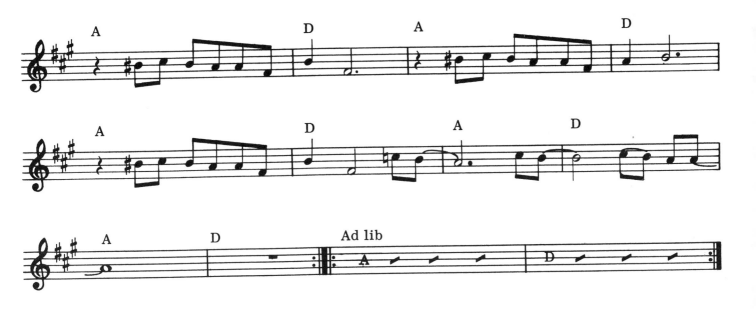

A   / / / D / / / A   /   / / D   / / A/ / / D/ / / A/ / / D/ / / A   /   /   / D
I've got a feeling,   A feeling deep inside, Oh yeah   I've got a feeling

/ A   / / / D /   / / A/ / / D/ /   / A/ / / D/ / A7 / / / / / / / E / G / D / / /
A feeling I can't hide Oh, No ———— Oh, No ———— Oh No   Yeah————— I've got a

A / / / D/ / / A/ / / D/ / /
feeling.

Oh, please believe me, I'd hate to miss the train, Oh yeah,
And if you leave me, I won't be late again, Oh No,—Oh, No,
Oh No,———— Yeah ———— I've got a feeling.

E7 /   /   / / G / / /   / / / / / / / D /
All these years I've been wandering around wondering how come nobody told me all that I was

/   /   /   /   / / A7 / / / / /
looking for was somebody who looked like you.

I've got a feeling that keeps me on my toes, Oh yeah,
I've got a feeling, I think that everybody knows, Oh yeah,——
Oh Yeah,——Oh yeah——Yeah——I've got a feeling.

A   /   / / D/ / A   /   / / D   / / A   /   / / D / / / A   /
Everybody had a hard year. Everybody had a good time   Everybody had a wet dream, Everybody

/   / D / / /   A   / / D / / / A / / /D/ / / A   / / / / D / / / A   / / /
saw the sunshine, Oh Yeah Oh yeah,   Oh yeah   Everybody had a good year, Everybody let

/   D / / A   /   / / D / / / A   /   / / D / / / A/ / /
their hair down Everybody pulled their socks up Everybody put their foot down Oh Yeah

/ D / /   / A / / / D/ / / A/ / / D/ / / A/ / / D/ / /
Oh Yeah   Oh Yeah   (Vocal Ad Lib) —————————

It's Only Love

JOHN LENNON and
PAUL McCARTNEY

CHORDS USED IN THIS SONG:

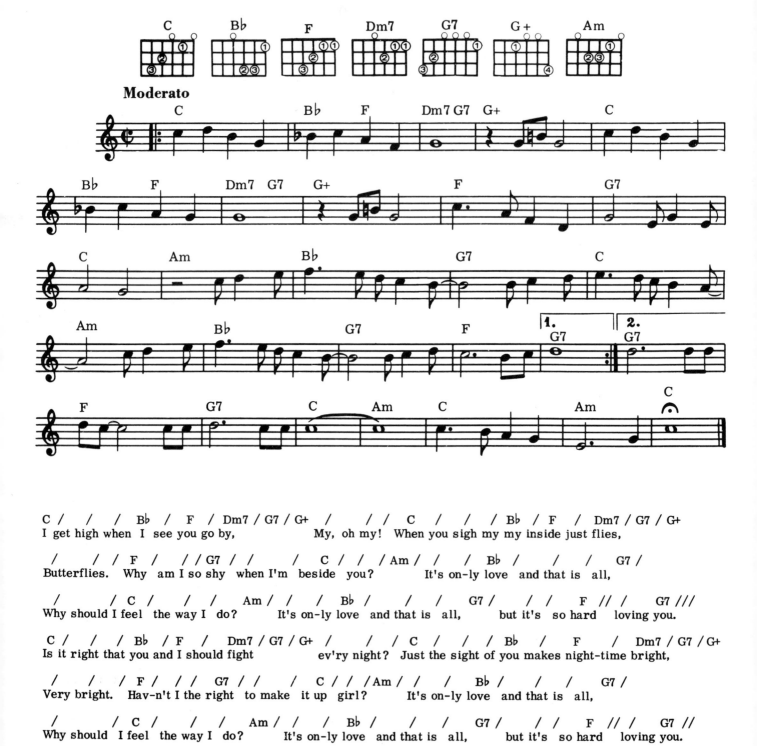

C / / / Bb / F / Dm7 / G7 / G+ /   / / C / / / Bb / F / Dm7 / G7 / G+
I get high when I see you go by,   My, oh my! When you sigh my my inside just flies,

/   / / F / / /G7 / /   / C / / /Am / / / Bb / / / G7 /
Butterflies.   Why am I so shy when I'm beside you?   It's on-ly love and that is all,

/   / / C / / / Am / / / Bb / / / G7 / / / F // / G7 ///
Why should I feel the way I do?   It's on-ly love and that is all,   but it's so hard loving you.

C / / / Bb / F / Dm7 / G7 / G+ /   / / C / / / Bb / F   / Dm7 / G7 / G+
Is it right that you and I should fight   ev'ry night? Just the sight of you makes night-time bright,

/   / / F / / / G7 / /   / C // /Am / / / Bb / / / G7 /
Very bright.   Hav-n't I the right to make it up girl?   It's on-ly love and that is all,

/   / / C / / / Am / / / Bb / / / G7 / / / F // / G7 //
Why should I feel the way I do?   It's on-ly love and that is all,   but it's so hard loving you.

/   F   /// G7 /// C   ///Am///C///Am///C///
Yes it's so hard loving you, loving you.

I've Just Seen A Face

CHORDS USED IN THIS SONG:

JOHN LENNON and
PAUL McCARTNEY

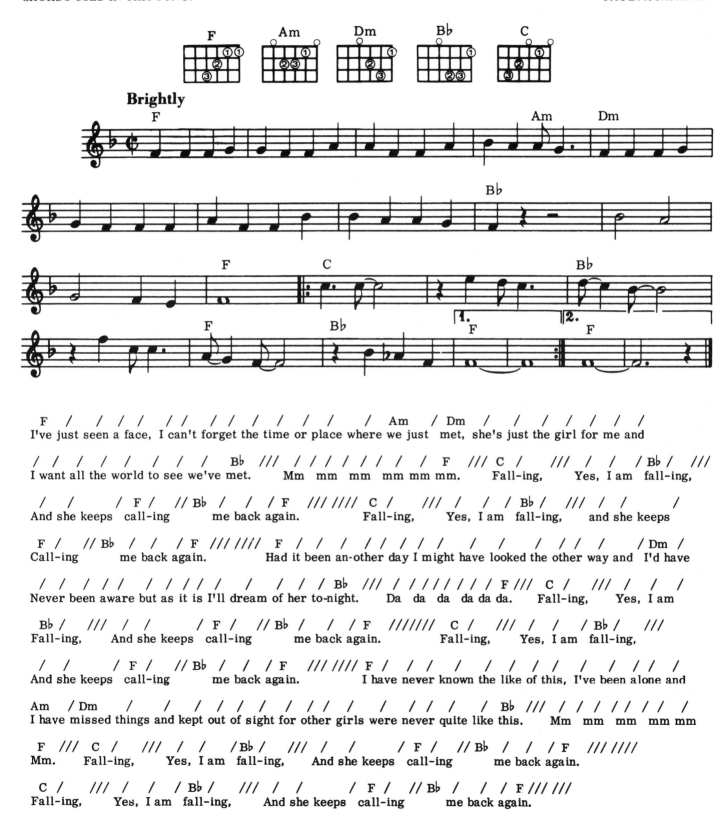

© Copyright 1965 for the World by NORTHERN SONGS LIMITED.

Julia

JOHN LENNON and
PAUL McCARTNEY

CHORDS USED IN THIS SONG:

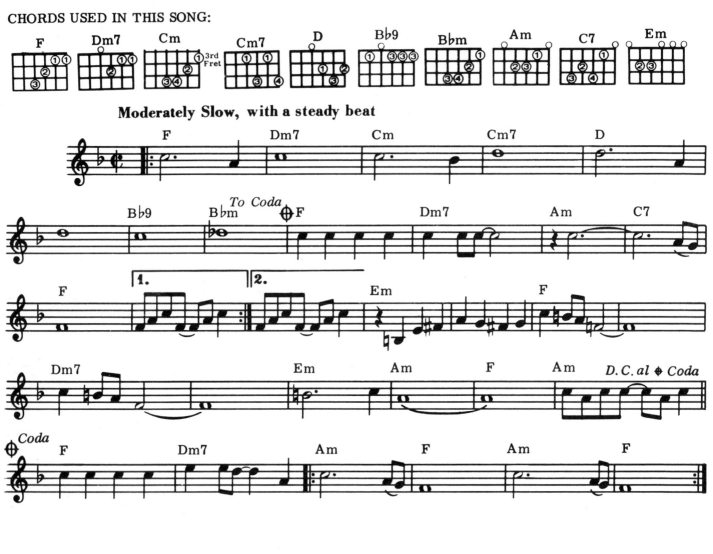

Moderately Slow, with a steady beat

F / / / Dm7 / / / Cm / / / Cm7 / / / D / / /   /   / / / Bb9 / / / Bbm / / /
Ju - li - a,   Ju - li - a,   O - cean child   calls   me.

F / / / Dm7 /   / / Am / / / C7 / / / F / / / / / / / F / / / Dm7 / / /
So I sing a song of love,   Ju - li - a   Ju - li - a,

Cm / / /   Cm7 / / /   D / / /   / / / / Bb9 / / / Bbm / / / F / / / Dm7 /   / /
Sea   shell eyes,   Wind - y smile   calls   me.   So I sing a song of love,

Am / / / C7 / / / F / / / / / / / Em / / / / / / /   F / / / / / /
Ju - li - a.   Her hair of floating sky is shimmering,

Dm7 / / / / / / / Em / / / Am / / / F / / / Am / / / F / / / Dm7 / / /
Glimmering   in   the sun.   Ju - li - a,

Cm / / / Cm7 / / / D / / /   / / / / Bb9 / / / Bbm / / / F / / /   /
Ju - li - a,   Morn - ing moon   touch   me.   So I sing a

Dm7 /   /   /   Am / / / F / / / Am / / / F / / /
Song of love for Ju - li - a. Ju - li - a.

Lady Madonna

CHORDS USED IN THIS SONG:

JOHN LENNON and
PAUL McCARTNEY

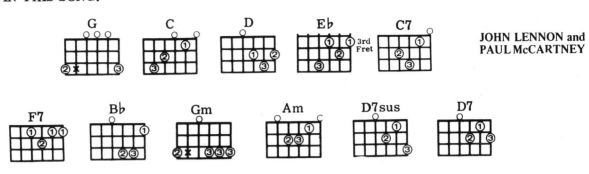

```
G   /   /   / C   /   /   / G   /   /   / C   /   /   / G   /   /   / C   /  D Eb /   /   / G   /   /   /
```
Lady Madonna,   children at your feet, Wonder how you manage to make   ends   meet?
```
G   /   /   / C   /   /   / G   /   /   / C   /   / G   /   /   / C   /  D Eb /   /   / G   /   /   /
```
Who finds   the money   when you pay the rent, Did you think that money was   heaven sent?
```
C7  /   /   /   /   /   /   / F7  /   /   /   /   /   / Bb  /   /   /   /   /   / Gm  /   /   / /   /   /
```
Friday night arrives without a suit - case,   Sunday morning creeping like a nun,
```
C7  /   /   /   /   /   /   / F7  /   /   / /   /   / Bb  /   / Am  /   /   / D7sus /   /   / D7  /   /   /
```
Monday's child has learned to tie his shoelace.   See   how   they   run.
```
G   /   /   / C   /   /   / G   /   /   / C   /   /   / G   /   /   / C   /  D Eb /   /   / G   /   /   /
```
Lady   Madonna,   ba-by at your breast, Wonder how you manage to feed   the   rest.
```
G   /   /   / C   /   /   / G   /   /   / C   /   /   / G   /   /   / C   /  D Eb /   /   / G   /   /   /
```
Lady   Madonna   lying on the bed,   Listen to the music playing   in your head.
```
C7  /   /   /   /   /   /   / F7  /   /   / /   /   / Bb  /   /   /   /   /   / Gm  /   /   / /   /   /
```
Tuesday afternoon is never end - ing,   Wednesday morning papers didn't come,
```
C7  /   /   /   /   /   /   / F7  /   /   / /   /   / Bb  /   / Am  /   /   / D7sus /   /   / D7  /   /   /
```
Thursday night your stocking needed mending.   See   how   they   run.
```
G   /   /   / C   /   /   / G   /   /   / C   /   /   / G   /   /   / C   /  D Eb /   /   / G   /   /   /
```
Lady   Madonna,   children at your feet, Wonder how you manage to make   ends   meet?

Let It Be

JOHN LENNON &
PAUL McCARTNEY

CHORDS USED IN THIS SONG:

```
          C        /        G        /       Am        /      F   /   C   /   G
When I find myself in times of trouble Mother Mary comes to me Speaking words of wisdom,

    /      F / C /    C        /        G   /         Am       /       F   /   C
Let It Be.      And In my hour of darkness she is standing right in front of me Speaking words

      G   /          F / C /     Am       /  G  /     F    /    C  /   /      /       G
of wisdom, Let it be      Let it be, Let it be,   Let it be,   Let it be, Whisper words of wisdom

    /      F   /   C
Let it be.
```

2. And when the broken hearted people living in the world agree
    There will be an answer, Let it be.
    For though they may be parted there is still a chance that they will see,
    There will be an answer, Let it be.
    Let it be, Let it be, Let it be, Let it be, there will be an answer,
    Let it be.

3. And when the night is cloudy, there is still a light that shines on me,
    Shine until tomorrow, let it be.
    I wake up to the sound of music, Mother Mary comes to me,
    Speaking words of wisdom, Let it be.
    Let it be, Let it be, Let it be, Let it be, whisper words of wisdom,
    Let it be.

Like Dreamers Do

JOHN LENNON and
PAUL McCARTNEY

CHORDS USED IN THIS SONG:

F   /// /   /   /   Dm   /////   / / Gm   ///// /   /   C7 /// / // / F   ///
Dreams   I saw a girl in my dreams,   And so it seems   that I will love   her.   Oh you,

/   /   /   /   Dm   ///// /   / Gm /////   /   /   C7 /// / // / F /   /   //
You are the girl in my dreams,   And so it seems   that I will love   you. And I yi yi yi yi

/   /   A7   ///// /   /   Bb /// C7 /   /   /   F ////// / Bb /// C7 /   / / F ///
Waited for your kiss,   Waited for the bliss   like dreamers do.   And I   yi yi yi yi yi;

/   /   /   / G7 ///   /   /   /   /   C7 / / Gm / / C7 / F /// /   /   /   / Dm
Oh, I'll be there   yeh, waiting for you, you, you, you, you, you you,   You came just one dream ago.

/////   /   / Gm ///// /   /   C7 /// / // / F /// /   /   /   /   / Dm /////
And now I know   that I will love   you. Oh I   knew when you first said hello,

/   /   / Gm ///// /   /   C7 /// / // / F / /   / // /   /   / A7 /// //
That's how I know   that I will love   you. And I yi yi yi yi   waited for your kiss,

/   /   Bb /// C7 /   /   / F //////
Waited for the bliss   like dreamers do.

© Copyright 1964 for the World by NORTHERN SONGS LIMITED,

Little Child

CHORDS USED IN THIS SONG:

JOHN LENNON and
PAUL McCARTNEY

```
                  C7 ///        ///  /        / /       F   /   C7 /// G7 / / /  F / / /
Little child,        little child,   Little child,   won't you dance with me?        I'm so sad and lone - ly;
D7       /      /     /       G7 //  /        C7 //  /        ///  /       / /       F  /  C7///
Baby, take a chance with me.     Little child,       little child,   Little child,   wont' you dance with me?
G7 /  /  /   F / / /D7   /     G7       C /// /    C  /  /    /      G7 / /    /
I'm so sad and lone - ly;  Baby, take a chance with me.    If you want someone to make you feel so  fine,
  /     C    /  /  /       /      / / /     / /       D7  /    /   / G7 //
Then we'll have some fun when you're mine, all mine.  So, come on, come on,  come on.
  /    C7 //  /        ///  /        / /       F   /   C7 /// G7 / / /  F / / /
Little child,        little child,   Little child,  won't you dance with me?        I'm so sad and lone - ly;
D7   /  G7    /     C //  /        C  /  /    /      G7 / /    /        C  /  /
Baby, take a chance with me.    When you're by my side you're the only  one;  Don't you run and hide,
  /      /    /    /    / /        D7   /    / / G7 //       C7 // /       ///
Just come on,  come on,  So, come on, come on,  come on.   Little child,       little child,
  /    /     /    F  /     C7 /// G7 / / /  F / / /D7   /    G7   /   C
Little child,   won't you dance with me?        I'm so sad and lone - ly;  Baby, take a chance with me.
  /    A7 / D7   /     G7  /    C //
Oh  yeh!    Baby, take a chance with me.
```

Love Of The Loved

JOHN LENNON and
PAUL McCARTNEY

CHORDS USED IN THIS SONG:

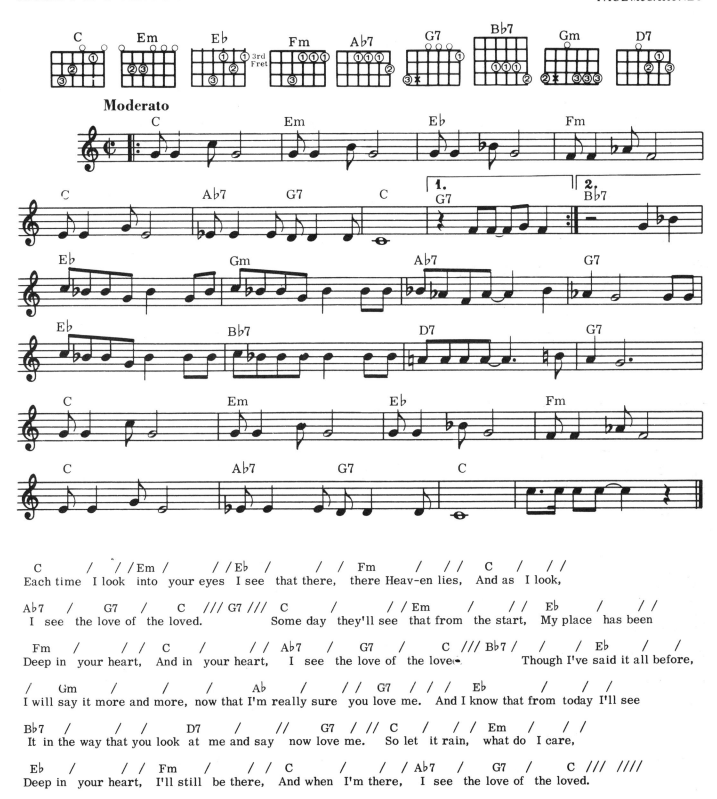

Moderato

C   /   ///Em /   /// Eb /   /   / / Fm   /   / / C   /   / /
Each time I look into your eyes I see that there, there Heav-en lies, And as I look,

Ab7   /   G7   /   C   ///G7 /// C   /   / /Em   /   / / Eb   /   / /
I see the love of the loved.   Some day they'll see that from the start, My place has been

Fm   /   / / C   /   / / Ab7   /   G7   /   C ///Bb7 /   /   / Eb   /   /
Deep in your heart, And in your heart, I see the love of the loved.   Though I've said it all before,

/   Gm   /   /   /   Ab   /   / / G7 /// Eb   /   / /
I will say it more and more, now that I'm really sure you love me. And I know that from today I'll see

Bb7   /   / /   D7   /   // G7 /// C   /   / / Em /   / /
It in the way that you look at me and say now love me. So let it rain, what do I care,

Eb   /   / /Fm   /   / / C   /   / /Ab7   /   G7   /   C /// ////
Deep in your heart, I'll still be there, And when I'm there, I see the love of the loved.

Love You To

GEORGE HARRISON

Moderato

(No Chords)

D. C.

NC / / / / / // // / / / / // / / / / / / / / / / // / /// ////
Each day just goes so fast,   I turn around, it's past,   You don't get   time   to hang a   sign   on me.

//// //// / / / / //// / / / / /// //// /// / / / / / / / /// / / /
Love me while you can,   or I'll get a plan.   A lifetime is so short,   a new one can't

/ / / // / / / / / / / / / / // / /// /// //// //// / / / / / ////
Be bought,   And what you've   got   means such a   lot   to me.   Make love all day long,

/ / / / //// //// /// / / / / / / / / // / / / / / / //
Make love singing songs.   There's people standing 'round   who'll throw you in the ground.

/ / / / / / / / / / / // / /// //// //// //// / / / / / ////
They'll fill you   in   with all the   things   you'll see.   I'll make love to you

/ / / / ///// //// ///
If you want me to.

Lovely Rita

JOHN LENNON and
PAUL McCARTNEY

CHORDS USED IN THIS SONG:

G / / / / / / / F / / /   / / / / C / / / / / / G / / /   / / / / C / / / Bb / F /
Lovely   Rita,   Meter Maid   Lovely   Rita   Meter   Maid.   Lovely   Rita,   Meter   Maid,

C / / / G / / / Am / / / D7 / / /G7 / / / / / / C /   / /
Nothing can come between us.   When it gets dark I tow your heart away.   Standing by   a

F / / / Bb / / / Eb / / / C / / / G7 / / //
parking meter,   When I caught   a glimpse of Rita,   Filling in a ticket in her little white book.

C / / / F / / / Bb / / / Eb / / / C / / /
In a cap   she looked much older,   And the bag   across her shoulder,   made her look a little like a

G7 /   / / C / / / Bb /   F / C / / /G / / / Am / / / D7
milit'ry man.   Lovely   Rita,   Meter Maid,   May I enquire discreetly   When are you free to take

/   / / G7 / / / / / / / C / / / /// / G / / / / / / /
some tea with me?   Lovely   Rita,   Meter   Maid.

Lucy In The Sky With Diamonds

JOHN LENNON and
PAUL McCARTNEY

CHORDS USED IN THIS SONG:

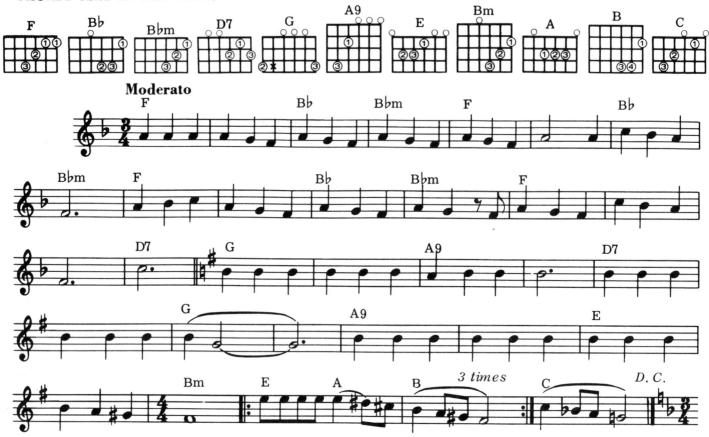

F / / / / / / Bb / / Bbm / / F / / / / / / Bb / / Bbm / /
1. Picture yourself in a boat on a river with tangerine trees and marmalade skies.
F / / / / / Bb / / Bbm / / F / / / / / / / / D7 / /
Somebody calls you, you answer quite slowly a girl with kaleidoscope eyes.
G / / / / / / A9 / / / / / D7 / / / / / G / / / / /
Celophane flowers of yellow and green, towering over your head.
A9 / / / / / / E / / / / / / Bm / / / E / A / B / / /
Look for the girl with the sun in her eyes and she's gone. Lucy in the sky with dia-monds.
E / A / B / / / E / A / B / / /
Lucy in the sky with dia-monds. Lucy in the sky with dia-monds.

2. Follow her down to a bridge by a fountain where rocking horse people eat marshmallow pies.
Ev'ryone smiles as you drift past the flowers that grow so incredibly high.
Newspaper taxis appear on the shore, waiting to take you away.
Climb in the back with your head in the clouds and you're gone. Lucy in the sky with diamonds.
Lucy in the sky with diamonds. Lucy in the sky with diamonds.

3. Picture yourself on a train in a station with plasticine porters with looking glass ties.
Suddenly someone is there at the turnstile, the girl with kaleidoscope eyes.
Cellophane flowers of yellow and green, towering over your head.
Look for the girl with the sun in her eyes and she's gone. Lucy in the sky with diamonds.
Lucy in the sky with diamonds. Lucy in the sky with diamonds.

Magical Mystery Tour

JOHN LENNON and
PAUL McCARTNEY

CHORDS USED IN THIS SONG:

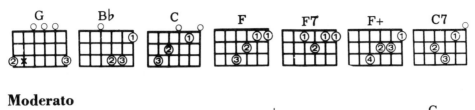

G / ///// Bb / / C / //G / //////
    Roll up,   Roll up for the mystery tour.   Roll up,
Bb / / / C / //G / / / ////
    Roll up for the mystery tour.   Roll up, (And that's an invitation)
Bb / / / C / //G / / / ////
    Roll up for the mystery tour.   Roll up, (To make a reservation)
Bb / / / C / //F / / / F7 / / Bb / / / F+ ///
    Roll up for the mystery tour.   The ma-gical mystery tour is waiting to take you away,
  F / / / C7 ///G / ////// Bb / / / C / //
Waiting to take you away.   Roll up,   Roll up for the mystery tour.
G / ///// Bb / / C / //G / /
    Roll up,   Roll up for the mystery tour.   Roll up,
          / / / / Bb / / / C / //G / /
(We've got ev'rything you need.)   Roll up for the mystery tour.   Roll up,
          / / / / Bb / / / C / //F / / / F7 / /
(Satisfaction guaranteed)   Roll up for the mystery tour.   The ma-gical mystery tour
  / Bb / / / F+ /// F / / / C7 // / F ///
Is hoping to take you away.   Hoping to take you away take you away.

Martha My Dear

JOHN LENNON and
PAUL McCARTNEY

CHORDS USED IN THIS SONG:

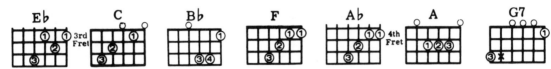

Moderato

Eb / / / / / / / C / / / Bb / F / C / / / F / / / / / / / Bb / / /
Martha, my dear, though I spend my days in conversa-tion please remember me.

Ab / / Bb / / / / Ab / / Bb / / / / Ab / / Bb / / / / F / / / / / / / Bb / / / / /
Martha, my love, don't forget me, Martha, my dear. Hold your head up, you sil-ly girl,

F / / / / / / / / / / / / / / / / C / / / / / / /
Look what you've done. When you find yourself in the thick of it,

/ / / / / / / / A / F / / / / / / / / Bb / / / / / / / F / /
Help yourself to a bit of what is all around you, Silly girl, Take a good look

/ G7 / / / / / / / F / / / G7 / / / / / / / / Bb / F / / / /
Around you, Take a good look you're bound to see that you and me

/ Bb / / / / / / / F / / / / / / / / Bb / / / / / /
Were meant to be for each oth - er, silly girl.

Maxwell's Silver Hammer

JOHN LENNON and
PAUL McCARTNEY

CHORDS USED IN THIS SONG:

```
        D   /   /   /   B7   /   /   /   Em   /   /   /   ///  A7   /   /   /   /   /   /   /
1. Joan was quizzical; Studied pataphysical science  in the home.       Late nights all alone with a test tube
   D /   /   /  A7  ///  D   /   /   /   B7   /   /   /   Em   /   /   /   ///
   Oh,  oh, oh,  oh.     Maxwell Edison, Majoring in medicine, calls her on the phone;
   A7  /   /   /   /   /   /   /   D//  /  A7  ///   E7   /   /   /   /   /   /   //   A7   /   /  F#dim
   Can I take you out to the pictures, Jo- o-o-oan?     But, as she's getting  ready to go,    A knock comes on the
   A7  ///  D   /   /   /   /   /   E7   /   /   /   ///  A7   /   /   /
   Door.    Bang! Bang! Maxwell's Silver Ham-mer came down  upon her  head.      Clang! Clang! Maxwell's
   /   /   /   /   Em  /   A7   /   D  /  /  /   /   /   /   B7   /   /
   Silver Ham-mer made sure  that she was  dead.   2. Back in school again, Maxwell plays the fool again;
   Em  /   /   /   ///  A7   /   /   /   /   D  //  A7  ///  D  /   /   B7   /
   Teacher  gets annoyed.     Wishing to avoid an unpleasant sce-e-e-ene,     She tells Max to stay when the class
   /   /   Em  /   /   /   ///  A7   /   /   /   D//  A7  ///  E7   /   /
   Has gone away, So,  he waits behind,     Writing fifty  times "I must not be so-o-o-o."     But, when she turns
   /   /   /   /   //   A7   /   /  F#dim A7  ///  D   /   /   /   /   /   /   E7   /
   Her  back on the boy,  He creeps up from be - hind.    Bang! Bang! Maxwell's Silver Ham-mer came down
   /   /   /   ///   A7   /   /   /   /   //   Em  /   A7   /  D  ///
   Upon her  head.     Clang! Clang! Maxwell's Silver Ham-mer made sure  that she was  dead.
```

3. P. C. Thirty-one, said, "We've caught a dirty one," Maxwell stands alone, Painting testimonial pictures, Oh, oh,
Oh, oh. Rose and Valerie, Screaming from the gallery, Say he must go free. The judge does not agree, And he
Tells them so-o-o-o. But, as the words are leaving his lips, A noise came from behind. Bang! Bang! Maxwell's
Silver Hammer came down upon his head. Clang! Clang! Maxwell's Silver Hammer made sure that he was dead.

Mean Mr. Mustard

JOHN LENNON and
PAUL McCARTNEY

CHORDS USED IN THIS SONG:

Slow Beat

E7 / / / / / / / / / / / ////
Mean Mister Mustard sleeps in the park, Shaves in the dark, trying to save paper.
B7 / / / //// D7 / / / / ///
Sleeps in a hole in the road;   Saving up to buy some clothes.
B7 / / / /// / E / C /-B7 // / E / C /
Keeps a ten bob note up his nose.   Such a mean old man.   Such a mean old man.
B7 /// E7 / / / / / / / / / / ////
    His sister Pam works in a shop, She never stops, She's a go getter.
B7 / / / //// D7 / / / ////
Takes him out to look at the Queen;   Only place that he's ever been.
B7 / / / /// / E / C B+ //// E / C B+ //// E //
Always shouts out something obscene.   Such a dirty old man.   Dirty old man.

Michelle

JOHN LENNON and
PAUL McCARTNEY

CHORDS USED IN THIS SONG:

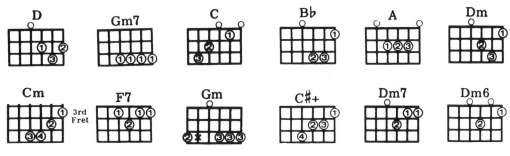

D / / / Gm7 / / /   C / / / Bb / / / A / Bb / A / / /
Mi-chelle   ma belle,   These are words that go together well, my Michelle.

D / / / Gm7 / / /   C / / / Bb / / / A / Bb / A / /
Mi-chelle   ma belle,   sont les mots qui vont tres bien ensemble, tres bien ensemble.

/ Dm / / /   / / / Cm / / / F7 Bb / / /
I love you, I love you, I love you,   That's all I want to say.

A / Dm / Gm / /   / Dm / C#+ / Dm7 / Dm6 / Gm7 / / / A / / /
   Until I find a way   I will say the only words I know that you'll understand.

D / / / Gm7 / / /   C / / / Bb / / / A / Bb / A / /
Mi-chelle   ma belle,   sont les mots qui vont tres bien ensemble, tres bien ensemble.

/ Dm / / /   / / / Cm / / / F7 Bb / / /
I need you, I need you, I need you,   I need to make you see

A /   Dm / Gm / / / Dm / C#+ /   Dm7 / Dm6 / Gm7 / / / A / / /
   Oh what you mean to me.   Un-til I do, I'm hoping you will know what I mean.

D / / / Gm7 / / /   C / / / Bb / / / A / Bb / A / /
Mi-chelle   ma belle,   sont les mots qui vont tres bien ensemble, tres bien ensemble.

/ Bb / / / Dm / / /   Gm / / / A / / / D / Gm / D / /
I will say the only words I know that you'll understand, my Michelle.

Misery

JOHN LENNON and
PAUL McCARTNEY

CHORDS USED IN THIS SONG:

C /   /   /   D7 /// G /   //D7 /// G /   /   / C ///   G /   /   / C ///
You've been treating me bad,   Mis - ery.   I'm the kind of guy   Who nev-er used to cry,

   Am /   /   / D7 /// G /   //Em ///   G /   /   / C ///
But now you're treating me bad,   Mis - ery.   I've lost you now I'm sure,

   G /   // C ///   Am /   / /D7 /// G / ////// Em/ / / /   // G /
I won't see you no more. It's gon-na be a drag,   Mis - ery.   I remember all the little things

   / ///// Em /   / / / /   // D7 /   / / / /   //
We've done.   You'll remember and you'll be the lone - ly one, lone - ly one.

   G /   /   / C ///   G/   /   /   C ///   Am /   / /D7 /// / G/ //////
Please come back to me,   'Cause ev-'ry-one can see   Without you I will be   in mis-ery.

Mother Nature's Son

JOHN LENNON and
PAUL McCARTNEY

CHORDS USED IN THIS SONG:

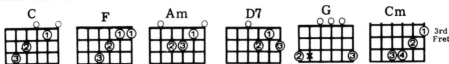

C /// F / / / //// C /// Am /// C / // Am /// D7 ///
Born a poor young coun - try boy, Moth-er Na-ture's Son.

G / Am / G / C / G / C / G / F / C /// Cm /// F /// C /// C /// Cm /// F /// C ///
All day long I'm sitting singing songs for ev'ryone.

C /// F /// //// C /// Am // / C / // Am /// D7 ///
Sit be-side a moun-tain stream, See her wa-ters rise.

G / Am / G / C / G / C / G / F / C /// Cm /// F /// C /// C /// / F / C / F / / / C ///
Lis-ten to the pretty sound of music as she flies.   Du du du du du du du du.

C / / / F /// / //// C /// Am /// C / // Am /// D7 ///
Find me in my field of grass, Moth-er Na-ture's Son.

G / Am / G / C / G / C / G / F / C /// Cm /// F /// C /// C /// Cm /// F / / / / C ///
Sway-ing dais-ies sing a lazy song beneath the sun.   Hm, Hm, Moth-er Nature's Son.

The Night Before

JOHN LENNON and
PAUL McCARTNEY

CHORDS USED IN THIS SONG:

Bb /   /   / Ab /// Eb // / F7 /   // Bb /   /   / Ab /// Eb // / F7 / //
We said our goodbyes,   Ah!   The night before!   Love was in your eyes,   Ah!   The night before!
Gm /   / / Ebm   /// Gm   /   / /   Ebm /// Bb /   /   / Eb /   /
Now today I find   You have changed your mind.   Treat me like you did   the night before.
Bb /// ///// Bb /   /   / Ab /// Eb // / F7   // Bb / / Ab   /// Eb //
Were you tell-ing lies?   Ah!   The night before!   Was I so unwise?   Ah!
/ F7 /   // Gm /   / / Ebm /// Gm   /   /   Ebm /// Bb /   /   / Eb /
The night before!   When I held you near   You were so sincere.   Treat me like you did
/   / Bb /// ///// Fm7 /   /   / Bb7 /   / / Eb /// /   ////
The night before.   Last night is the night   I will re-mem - ber you by.
Gm /   / / C7   /   // F7 /   /   /   //// Bb /   /   / Ab /// Eb //
When I think of things   we did   it makes me wanna cry.   We said our goodbyes,   Ah!
/ F7 /   // Bb /   /   / Ab /// Eb // / F7 /   // Gm /   / /Ebm ///
The night before!   Love was in your eyes,   Ah!   The night before!   Now today I find
Gm /   /   / Ebm /// Bb /   /   / Eb /   /   /   /
You have changed your mind.   Treat me like you did   the night before.
/   /   / Bb /// / / / /
Like the night be-fore.

No Reply

JOHN LENNON and
PAUL McCARTNEY

CHORDS USED IN THIS SONG:

Bb / / / C7 // / F /// // / / Bb /
This happened once before when I came to your door, No reply, They said it wasn't you
/ / C7 /// F /// // / / Dm /// Am // / Bb /// Am /
But I saw you peep through your window. I saw the light, I saw the light,
/ / Bb / / C7 // / F /// // / Bb /// Am /
I know that you saw me 'cause I looked up to see your face, I tried to telephone, they said
/ / C7 /// F /// // / Bb / / C7 /// F /// //
You were not home, that's a lie, 'Cause I know where you've been, I saw you walk in your door.
/ / Dm /// Am // / Bb /// Am / / / Bb / / C7 //
I nearly died, I nearly died, 'Cause you walked hand in hand with another man
/ F /// /// / F // / A7 // / D /// // / Gm // / Bb / / / F /// ///
In my place, If I were you I'd realize that I love you more than any other guy,
/ F // / A7 // / D /// /// / Gm // / Bb / / / F /// F /
And I'll forgive the lies that I heard before when you gave me no reply,
/ / Bb / / / C7 // / F /// // / / Bb /
I tried to telephone, they said you were not home, that's a lie, 'Cause I know where you've been,
/ / C7 /// F /// // / Dm /// Am // / Bb /// Am /
I saw you walk in your door. I nearly died, I nearly died,
/ / Bb / / / C7 // / F /// F // / Dm /// Am / / / Dm ////
'Cause you walked hand in hand with another man in my place, No re-ply, No re-ply.

Nobody I Know

JOHN LENNON and
PAUL McCARTNEY

CHORDS USED IN THIS SONG:

C / / / Dm7 / G7 / C /// Dm7 / G7 / C / / / Bb / G7 / D7 ///
Nobody I know could love me more than you.   You can give me so much love it seems untrue.

G7 /// C / / / Em / / / Am / / / / Ab / //
   Listen to the bird who sings it to the tree   and then when you've heard him see if you agree.

C / / / Dm7 / G7 / C /// Dm7 / G7 / / / / / Dm7 / G7 / C ///
Nobody I know could love you more than me.   Ev'rywhere I go the sun comes shining through.

Dm7 / G7 / C / / / Bb / G7 / D7 /// G7 /// C / / / Em / / /
   Ev'ryone I know is sure it shines for you.   Even in my dreams I look into your eyes,

Am / / / / Ab / / / C / / / Dm7 / G7 / C /// Dm7 / E7 /
Suddenly it seems I've found a paradise.   Ev'rywhere I go the sun comes shining through.

Am / / / E7 / / / Am / / / C /// Am / / / / C / / / Dm7 ///
It means so much to be a part of a heart of a wonderful one.   When other lovers are gone, we'll live on.

G7 / / / C /// Dm7 / G7 / C / / / Dm7 / G7 / C /// Dm7 / G7 / C /
   We'll live on.   Nobody I know could love me more than you.   You can give me

/ / Bb / G7 / D7 /// G7 /// C / / / Em / / / Am / / /
So much love it seems untrue.   Listen to the bird who sings it to the tree   and then when you've heard

/ Ab / / / C / / / Dm7 / G7 / C /// / / /
Him see if you agree.   Nobody I know could love you more than me.

Norwegian Wood

CHORDS USED IN THIS SONG:

JOHN LENNON and
PAUL McCARTNEY

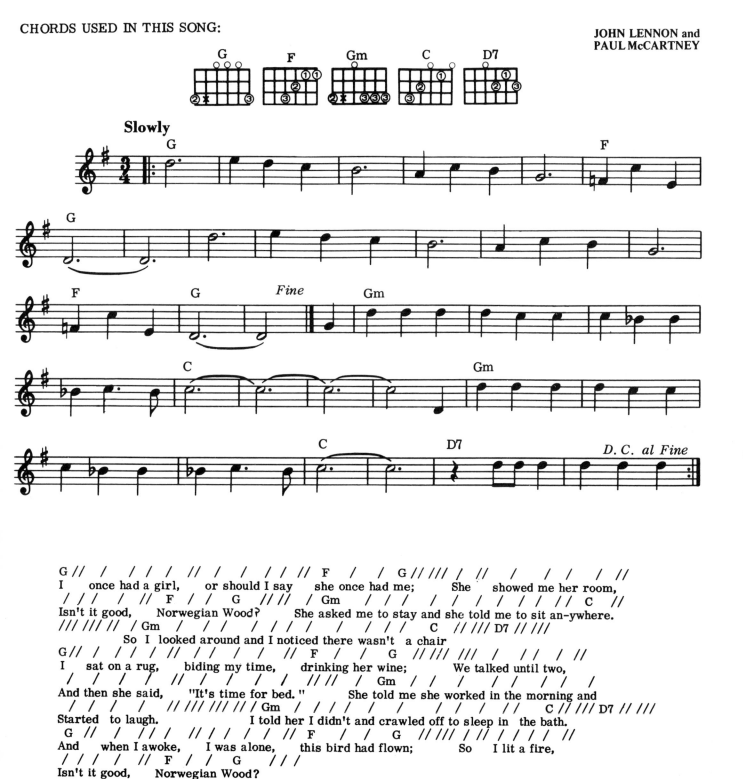

G // / / / / // / / / / / // F / / G // // / / // / / / / / //
I   once had a girl,   or should I say   she once had me;   She   showed me her room,
/ / / / / // F / / G // // / Gm / / / / / / / / / / C //
Isn't it good,   Norwegian Wood?   She asked me to stay and she told me to sit an-y-where.
/ // /// / / / Gm / / / / / / / / / C // /// D7 // ///
So I looked around and I noticed there wasn't a chair
G // / / / / // / / / / / // F / / G // /// /// / / / / / //
I   sat on a rug,   biding my time,   drinking her wine;   We talked until two,
/ / / / / // / / / / /// / Gm / / / / / / / / /
And then she said,   "It's time for bed."   She told me she worked in the morning and
/ / / / / // /// /// // / Gm / / / / / / / / / // C // /// D7 // ///
Started to laugh.   I told her I didn't and crawled off to sleep in the bath.
G // / / / / // /// / / / / // F / / G // // / / / / / / //
And   when I awoke,   I was alone,   this bird had flown;   So   I lit a fire,
/ / / / // F / / G ///
Isn't it good,   Norwegian Wood?

Not A Second Time

JOHN LENNON and
PAUL McCARTNEY

CHORDS USED IN THIS SONG:

F / / / Dm /// F / / / Dm // / C7 /// F /// C7 ///
You know you made me cry,   I see no use in wond'ring why.   I cried   for you.

F / / / Dm /// F / / / Dm // / C7 / / / Gm7 /// C7 ///
And now you've changed your mind,   I see no reason to change mine.   I cried, it's through.   Oh,

Gm7 / / / Am / // F / / / Dm /// Gm7 / / / / //
You're giving me the same old line,   I'm wond'ring why.   You hurt me then,

/ / Am // / C7 / / / Dm /// //// F / / / Dm ///
You're back again, No,   no, no, Not a second time.   You know you made me cry,

F / / / Dm // / C7 /// F /// C7 // / F / / / Dm ///
I see no use in wond'ring why.   I cried   for you.   Yeh. And now you've changed your mind,

F / / / Dm // / C7 /// F /// C7 /// Gm7 / / /
I see no reason to change mine.   I cried,   it's through.   Oh,   You're giving me the

Am / // F / / / Dm /// Gm7 / / / / // / / Am // /
Same old line,   I'm wond'ring why.   You hurt me then,   You're back again, No,   no,

C7 // / Dm /// //// Dm / / / / /// /// /
No, not a second time.   Not a second time.

Nowhere Man

JOHN LENNON and
PAUL McCARTNEY

CHORDS USED IN THIS SONG:

```
C   /   /   / G /   /   / F   /   /   / C /   /   / F   /   /  / Fm   /   //   F / C   /
He's a real  Nowhere Man,  Sitting  in  his  Nowhere Land,  Making  all  his nowhere plans   for no - bod - y.
Bb  / F / C  /   /   / G /   /   / F    /    /   / C / / / F   /  // Fm   /   //    F / C /
      Doesn't have a point of view,  Knows not  where  he's going to,  Isn't  he  a bit  like  you   and me?
//  /   /   Em //   / F   /   /   / Em    /    /    / F  /   /   / Em /// F   ///
Nowhere Man,   please listen,  You don't know  what  you're missing,  Nowhere Man,    the world
 /   /   /     / G7 /// C   /   /   / G /   /   / F   /   /   / C /   /   / F    /
Is at your command.        He's as blind  as he can be,  Just sees what  he wants to see,  Nowhere  Man
 / Fm  /   //   F / C / Bb / F / C   /   /   / G /   /   / F   /   /   / C / / /
Can you see  me   at all?       Doesn't have a point of view,  Knows not  where  he's going to,
 F  /   // Fm   /   //   F / C / / / / Em //   / F   /   /   / Em //   / F   /
Isn't  he  a bit like  you   and me?       Nowhere Man,   don't worry,  Take your time,   don't hurry,
 /   / Em /// F   /   /   /   /   / / G7 /// C   /   /   / G /   /   / F   /   /
Leave it all    till somebody else  lends you a hand.      He's a real  Nowhere Man,  Sitting  in his
 C /   /   / F   /   /   / Fm   /   //   F /   C /   / / / / F /// Fm /// C / / / / /
Nowhere Land,  Making  all  his nowhere plans   for no - bod - y.
```

Ob-La-Di Ob-La-Da

JOHN LENNON and
PAUL McCARTNEY

CHORDS USED IN THIS SONG:

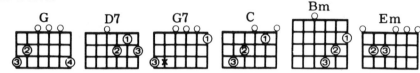

G / / / / / / / / D7 / / / / / / / / / / / / / / / / / / G / / / / / / /
1. **Desmond** had a barrow in the market place,   Molly is the singer in a band.
 / / / / G7 / / / C / / / / / / / / / / G / / / D7 / / / / / G / / / / /
Desmond says to Molly, girl I like your face and Molly says this as she takes him by the hand.
 / / G / / / / / / / Bm / / / Em / / / G / / / D7 / / / G / / / / /
Ob-la-di, ob-la-da, life goes on bra. La la how the life goes on.
 / / G / / / / / / / Bm / / / Em / / / G / / / D7 / / / G / / / / / /
Ob-la-di, ob-la-da, life goes on bra. La la how the life goes on.

2. **Desmond** takes a trolley to the jeweller's store, Buys a twenty carat golden ring.
Takes it back to Molly, waiting at the door and as he gives it to her she begins to sing.
Ob-la-di, ob-la-da, life goes on bra. La la how the life goes on.
Ob-la-di, ob-la-da, life goes on bra. La la how the life goes on.
NC   C / / / / / / / / / / / G NC C / / /
In a couple of years they have built a home sweet home with a couple of kids running
/ / / / / / / / G / / / / / / D7 / / / / / / /
In the yard of Desmond and Mol - ly Jones.

3. **Happy ever** after in the market place, Desmond lets the children lend a hand.
Molly stays at home and does her pretty face and in the evening she still sings it with the band.
Ob-la-di, ob-la-da, life goes on bra. La la how the life goes on.
Ob-la-di, ob-la-da, life goes on bra. La la how the life goes on.

Oh Darling

JOHN LENNON and
PAUL McCARTNEY

```
///  A/  //////  ///  /E/  /////////  F#m //  ///  /  ///  ////  / D /////////
Oh!  Dar - ling,      please believe me,        I'll   nev - er  do   you   no harm.
/ Bm7 /  /  // / E7 /  //// Bm7 //  /  /  E7 /  ///  / A /////D ///// A ///// E7 //  ///
Believe  me when I tell you,  I'll   nev - er  do   you   no harm.                    Oh!
  A/  ///////  // / E/  /////////  F#m //  /  / /  ////  / D ///////// / Bm7 //  /
Dar - ling      If you leave me     I'll   nev-er make it   alone.     Believe   me
// / E7 /  //// Bm7 //  /// / E7 /  //// A /////D ///// A ///// A7 ///  /  / / D / ///////
When I beg you.  Don't  ev-er leave me alone.                      When you told  me
 / // / F/ / / /// ////  /  / A / // / /  ///  / ///////// /  / B7 / //////
You didn't need me an-y more,  Well, you know, I near-ly broke down and cried.  When you told me
 /  // / / / / // /// ' /// /  /  / E / //// B7 /  /// / E7 /////// ///
You didn't need me an-y more,  Well, you know I near-ly broke down  and died.    Oh!
  A/  ///////  // / E/  //////////  F#m // / /  //  /// / D ///////// / Bm7 / /
Dar - ling   if you leave me,      I'll   nev-er make it   alone.     Believe   me
// / E7 /  //// Bm7 //  // / E7 /  ///  / A /////D ///// A ///// A7 ///  /  / / D / ///////
When I tell you,  I'll   nev-er do   you  no harm.                  When you told me
 / F/ //// / //  /  / A / ////  ///  /  ////////// /  / B7 / //////
You didn't need me an-y more,  Well, you know, I near-ly broke down and cried.  When you told  me
 / /// / / / /// /// /  / E / //// B7 /  /// / E7 /////// ///
You didn't need me an-y more,  Well, you know, I near-ly broke down and died.   Oh!
  A/  ///////  // / E/  //////////  F#m // / / / D ///////// / Bm7 / /
Dar - ling,   Please believe me!    I'll   nev-er let   you down.    Believe   me
 // / E7 /  //// Bm7 // /// / E7 ///  / A ///// D ///// A / Bb7 A7 //////
When I tell  you,  I'll   nev-er do   you no harm.
```

One After 909

JOHN LENNON &
PAUL McCARTNEY

CHORDS USED IN THIS SONG:

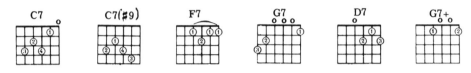

D.C. to 1st for Fine.

1.
C7 / / / / / / / / / / / / / C7 / / / / /
My baby says she's travellin' on the One after 909   I said move over honey, I'm travellin'

/ / / / / / / /C7(#9)/ / /C7(#9) / / F7 / / / / / / /
on that line   I said move over once move over twice, Come on baby don't be cold as ice

C7 / / / G7 /// C7 /// / / / /
'Said I'm travellin' on the One after 909

2.
C7 / / / / / / / / / / / / / /C7 // /
I begged her not to go and I begged her on my bended knees.   You're only foolin' around,

/ / / / / / / C7(#9) / / / / / F7 / / / / / / /
with me,   I said move over once, move over twice, c'mon baby, don't be cold as ice.

C7 / / / G7/ / C7 //// /F7 / / // / / /C7 / / / ///
'Said I'm travellin' on the One after 909   I've got my bag   Run to the station

D7 / / / / / / / G7 / / / ////// F7 / / / // / / C7 / / /
Railman says   You've got the wrong location,   Pick up my bag   Run right home

D7 // / / / / G7 / / / G7- / / /
Then I find   I've got the number wrong, Well!

3. I said I'm travellin' on the One after 909,
Move over honey, I'm travellin' on that line,
I said move over once, move over twice,
C'mon baby, don't be cold as ice,
Said I'm travellin' on the One after 909.

Only A Northern Song

GEORGE HARRISON

CHORDS USED IN THIS SONG:

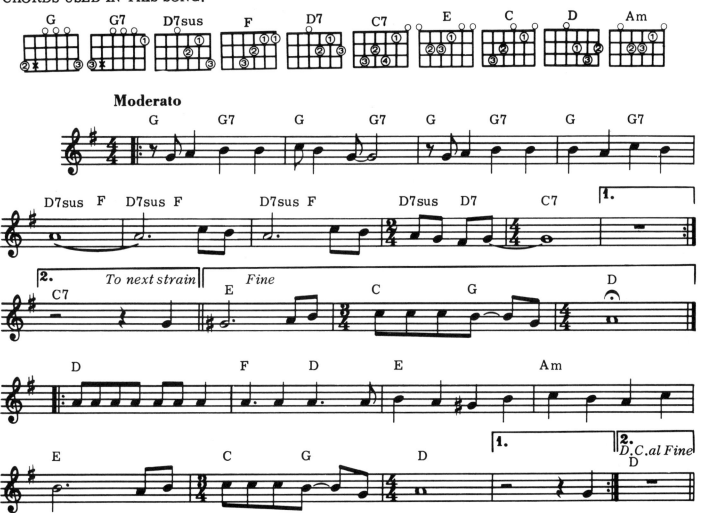

G   /   G7   /   G   /   G7 /G   /   G7   /   G   /   G7 / D7sus / F / D7sus / F

If you're list'ning to this song,   you may think the chords are going wrong,

/   D7sus / F /   D7sus D7   C7 / / / / / / G   /   G7 / G   /   G7 /

But they're not,   He just wrote it like that.   When you're list'ning late at night,

G   /   G7   /   G   /   /   /   D7sus / F / D7sus / F   /   D7sus / F   /

You may think the bands are not quite right,   But they are,   They just

D7sus D7   C7 / / / / / / D   /   /   /   F / D /   E / / /

Play it like that.   It doesn't really matter what chords I play,   what words I say or

Am / / / E / / /   C   /   G   D / / / / / / D   /   /   /   F

Time of day it is,   As it's only a North-ern Song.   It doesn't really matter what clothes

/ D / E / / / Am / / / E / / /   C   /   G   D / / / / / /

I wear or how I fare or if my hair is brown,   When it's only a North-ern Song.

G   /   G7   /   G   /   G7 /G   / G7 /   G   /   G7 / D7sus / F / D7sus / F

If you think the harmo-ny   is a little dark and out of key,

/   D7sus / F   /   D7sus D7 C7 / / / E / / /   C   /   G   D / / /

You're correct,   There's nobod-y there.   And I told you there's no one there.

Paperback Writer

CHORDS USED IN THIS SONG:

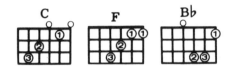

JOHN LENNON and
PAUL McCARTNEY

Bright Rock

```
        C    /    /         /         /    /    /         /         /    /    /         /         /    /    /
Dear Sir or Madam will you read my book? It took me years to write, will you take a look?
   /    /    /    /         /    /    /         /    /    /         /         /    /    /         F  / / / / /
Based on a novel by a man named Lear and I need a job so I want to be a paperback writer,
   C   Bb   C  /    / / / / /    /         C  /    /         /         /    /    /
Pa-perback writer.          It's the dirty story of a dirty man,    and his clinging wife
   /    /    /    / /         /         /    /    /         /    /    /         /    /    /
Doesn't understand.    His son is working for the Daily Mail;  It's a steady job, but he
   /    /    /         /    /         F  / / / / /  C   Bb   C  /    / / / / /
Wants to be a paperback writer,          pa-perback writer.
      /         C  /    /         /         /    /    /         /    /    /         /    /    / /
It's a thousand pages, give or take a few, I'll be writing more in a week or two.
   /    /    /         /    /    /         /         /    /    /         /    /    /
I can make it longer if you like the style, I can change it 'round and I want to be a
   /    /    /         F  / / / / /  C   Bb   C  / / / / / /    /         C  /    /
Paperback writer,          pa-perback writer.          If you really like it
   /    /    /         /    /         /    /    /         /    /    /    /         /    /    /
You can have the rights,    It could make a million for you over night.    If you must return it
   /    /    /         /    /    /         /    /    /         /    /    /         F  / / / / /
You can send it here,    But I need a break and I want to be a paperback writer,
      C   Bb   C  / / / / / /
Pa- perback writer.
```

Penny Lane

JOHN LENNON and
PAUL McCARTNEY

CHORDS USED IN THIS SONG:

Moderately Bright

1. Penny Lane: there is a barber showing photographs   of ev'ry head he's had the pleasure to know.
   And all the people that come and go   stop and say hello.   Penny Lane is in my ears
   And in my eyes.   Wet beneath the blue suburban skies. I sit and meanwhile

2. On the corner is a banker with a motor car.   The little children laugh at him behind his back.
   And the banker never wears a "mac"   in the pouring rain,   very strange.   Penny Lane
   Is in my ears and in my eyes.   Wet beneath the blue suburban skies. I sit and meanwhile

3. Back in Penny Lane: there is a fireman with an hour glass. And in his pocket is a portrait of the queen.
   He likes to keep his fire engine clean, it's a clean machine. Penny Lane is in my ears and in my eyes.
   Full of fish and finger pies in summer meanwhile

4. Back in Penny Lane: the barber shaves another customer. We see the banker sitting, waiting for a trend.
   And then the fireman rushes in from the pouring rain, very strange. Penny Lane is in my ears
   And in my eyes. Wet beneath the blue suburban skies. I sit and meanwhile back: Penny
   Lane is in my ears and in my eyes.   Wet beneath the blue suburban skies.

Polythene Pam

JOHN LENNON and
PAUL McCARTNEY

CHORDS USED IN THIS SONG:

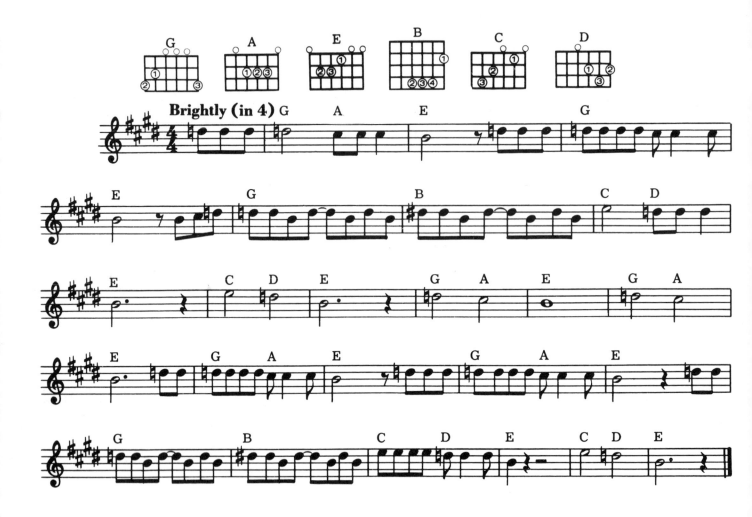

G / A / E // / G / A / E //
Well, you should see Polythene Pam; She's so good looking, but she looks like a man.

/ G / / / B / / / C / D / E ///
Well, you should see her in drag, dressed in her polythene bag, Yes, you should see Polythene Pam.

C / D / E /// G/A/E /// G/A/E // / G / A / E //
Yeh, yeh, yeh!   Get a dose of her in jackboots and kilt,

/ G / A / E // / G / / /
She's killer diller when she's dressed to the hilt. She's the kind of a girl that makes the

B / / / C / D / E /// C/D/E //
News of the World Yes, you could say she was attractive - ly built. Yeh, yeh, yeh!

Power To The People

CHORDS USED IN THIS SONG:

JOHN LENNON

D   / Em/ D   /   /   /   /   /Em/ D///D   /   Em   D//// /   /   G / D
Power to the people   Power to the People   Power to the people   Power to the people right

///   Em   /   / /   ////   /   /   /   /   /   /   //
on.   Oh well you say you want a revolution, we'd better get one right away, Well let's get on

        / /   /   /   D   /Em/ D
your feet, down to the end of the street, singing: Power to the People etc.

2.   A million workers workin' for nothing, you better give them what they
      really own,
      We gotta put you down when we come into town, singing:
      Power to the People etc.,

3.   I'm gonna ask you comrades and brothers, how do you treat your old
      woman back home,
      She's gotta be herself, so she can give us help, singing:
      Power to the People, etc.,

Rain

JOHN LENNON and
PAUL McCARTNEY

CHORDS USED IN THIS SONG:

F   /   /   /   Bb   /C   /   F   ///   Bb   /C   /   F   ///   Bb   ///   /
If the rain   comes,   they run and hide their heads,   they might as well be dead;   If the rain   comes,

////   F   ////   /   //   /   F   /   /   /   Bb   /C   /   F   ///   Bb   /   C   /   F
if the rain   comes.   When the sun   shines, they slip into the shade   and sip their lemonade;

//   /   Bb   ///   ///   /   F   ////   ///F   ///////Bb   ///////   /   F   ///
When the sun   shines,   when the sun   shines.   Rain,   I don't mind.

/////   //////Bb   //////   /   F   ///////   /   /   //   Bb   /C   /
Shine,   the weather's fine.   I can show   you   that when it starts to

F   ///Bb   /C   /   F   ///   Bb   /   /   /////   F   ///   /   //
rain,   ev'rything's the same.   I can show   you,   I can show   you.

Revolution

CHORDS USED IN THIS SONG:

JOHN LENNON and
PAUL McCARTNEY

Moderate steady beat

1. You say you want a rev - o - lu - tion,
Well, you know, We all want to change the world.
You tell me that it's ev - o - lu - tion,
Well, you know, We all want to change the world.
But when you talk about de - struction, Don't you know that you can count me out.
Don't you know it's gonna be al - right,
Al - right, al - right. al - right.

2. You say you got a real solution, Well, you know we'd all love to see the plan.
   You asked me for a contribution, Well, you know we're doing what we can.
   But when you want money for people with minds that hate,
   All I can tell you is brother you have to wait.
   Don't you know it's gonna be alright, alright, alright, alright.

3. You say you'll change the constitution, Well, you know we all want to change your head
   You tell me it's the institution, Well, you know you better free your mind instead.
   But if you go carrying pictures of Chairman Mao,
   You ain't going to make it with anyone, anyhow.
   Don't you know it's gonna be alright, alright, alright, alright.

Rocky Raccoon

CHORDS USED IN THIS SONG:

JOHN LENNON and
PAUL McCARTNEY

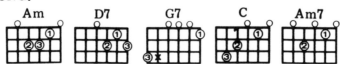

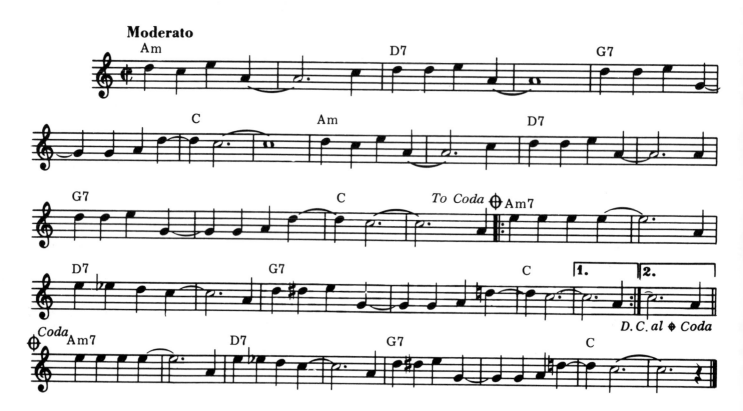

Am / / / /// / D7 / / / //// G7 / / / / / / C /// ///
1. Rocky Raccoon   checked in-to his room   only to find Gideon's Bi - ble.
Am / / / /// / D7 / / / //// G7 / / / / / C /// ///
Rocky had come   equipped with a gun   to shoot off the legs   of his ri - val.
/ Am7 / / / /// / D7 / / / /// G7 / / / / / C /// ///
His ri - val it seems   had broken his dreams   by stealing the girl   of his fan - cy.
/ Am7 / / / //// / D7 / / / //// / G7 / / / / / C /// ///
Her name was Magill,   she called herself Lil,   But ev'ryone knew   her as Nan - cy.
/ Am / / / //// / D7 / / / //// / G7 / / / / / C /// ////
2. Now she and her man   who called himself Dan   were in the next room   at the hoe - down.
Am / / / //// D7 / / / //// / G7 / / / / / / C /// ///
Rocky burst in   and grinning a grin,   He said, "Danny Boy, this   is a show - down."
/ Am7 / / / //// / D7 / / / //// / G7 / / / / / C /// ////
But Daniel was hot,   he drew first and shot   and Rocky collapsed   in the cor - ner.

3. Now the doctor came in stinking of gin and proceeded to lie on the table.
He said, "Rocky you met your match." And Rocky said, "Doc, it's only a scratch,
And I'll be better, I'll be better Doc, as soon as I'm able."

4. Now Rocky Raccoon, he fell back in his room only to find Gideon's Bible.
Gideon checked out and he left it no doubt to help with good Rocky's revival.

Run For Your Life

JOHN LENNON and
PAUL McCARTNEY

CHORDS USED IN THIS SONG:

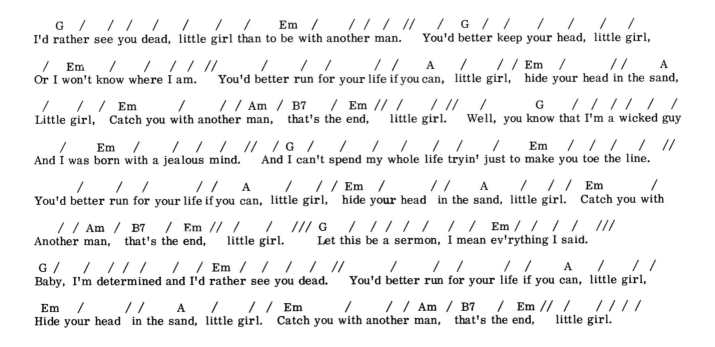

G / / / / / / / / Em / / / / / // / G / / / / / /
I'd rather see you dead, little girl than to be with another man. You'd better keep your head, little girl,

/ Em / / / / / // / / / / / / A / / / Em / / // A
Or I won't know where I am. You'd better run for your life if you can, little girl, hide your head in the sand,

/ / / Em / / / Am / B7 / Em // / / / / // G / / / / /
Little girl, Catch you with another man, that's the end, little girl. Well, you know that I'm a wicked guy

/ Em / / / / / // / G / / / / / / / Em / / / / //
And I was born with a jealous mind. And I can't spend my whole life tryin' just to make you toe the line.

/ / / / / // A / / / Em / / // A / / / Em /
You'd better run for your life if you can, little girl, hide your head in the sand, little girl. Catch you with

/ / Am / B7 / Em // / / / /// G / / / / / / / Em / / / / ///
Another man, that's the end, little girl. Let this be a sermon, I mean ev'rything I said.

G / / / / / / / Em / / / / / // / / / / / / / A / / //
Baby, I'm determined and I'd rather see you dead. You'd better run for your life if you can, little girl,

Em / / // A / / / Em / / // Am / B7 / Em // / / / / / /
Hide your head in the sand, little girl. Catch you with another man, that's the end, little girl.

Sexy Sadie

JOHN LENNON and
PAUL McCARTNEY

CHORDS USED IN THIS SONG:

F / E7 /Am / / /Gm7 / C7 / F /E7 /Gm7 / C7
Sexy Sadie,   what have you done,   You made a fool of ev'ryone.   You made a fool of

/ F /E7 / Eb / C7 / F /E7 /Am / / /Gm7 /
ev'ryone,   Sexy Sadie, Oh, what have you done? Sexy Sadie,   You broke the rules,   You laid

C7 / F /E7 /Gm7 / C7 / F /E7 / Eb / C7 / F
it down for all to see.   You laid it down for all to see,   Sexy Sadie, Oh,   You broke the rules.

/ Gm7 / Am /Gm7 / F / Gm7 / Am /Dm7 /
One sunny day the world was waiting for a lover,   She came along to turn on ev'ryone.

/ G7 / C7 / F ///F / E7 /Am / / /Gm7 / C7
Sexy Sadie, the greatest of them all.   Sexy Sadie,   How did you know,   The world was waiting

/ F /E7 /Gm7 / C7 / F /E7 / Eb / C7 / F
just for you.   The world was waiting just for you,   Sexy Sadie, Oh,   how did you know?

/ E7 /Am / / /Gm7 / C7 / F /E7 /Gm7 / C7
Sexy Sadie,   You'll get yours yet,   However big you think you are.   However big you

/ F /E7 / Eb / C7 / F / Gm7 /
think you are.   Sexy Sadie, Oh,   You'll get yours yet. We gave her ev'rything we owned just to sit at her

Am /Gm7 / F / Gm7 / Am /Dm7 / G7 / C7 / F ///
table,   Just a smile would lighten ev'rything.   Sexy Sadie, the greatest of them all.

Sgt. Pepper's Lonely Hearts Club Band

JOHN LENNON and
PAUL McCARTNEY

CHORDS USED IN THIS SONG:

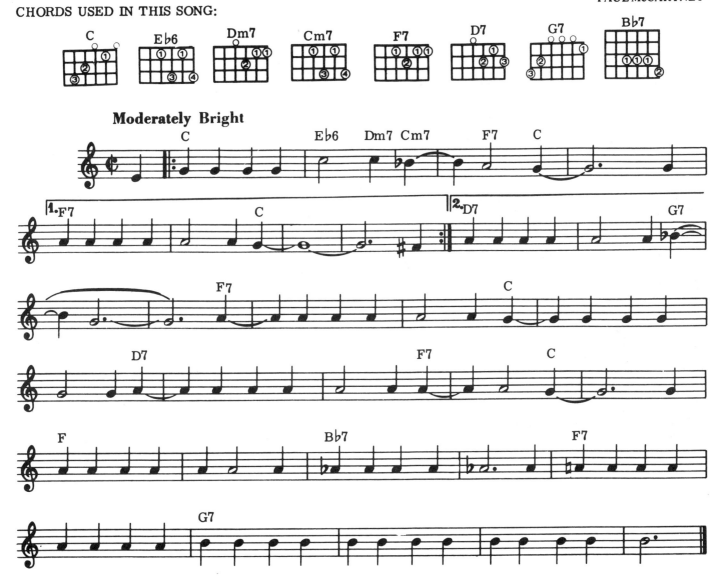

Moderately Bright

C / / / Eb6 / Dm7 Cm7 / F7 / C /// / F7 / / / / / / C //// //
We're Sergeant Pepper's Lone - ly Hearts Club Band, We hope you will enjoy the show.

/ C / / / Eb6 / Dm7 Cm7 / F7 / C /// / D7 / / / / / / G7 //// //
We're Sergeant Pepper's Lone - ly Hearts Club Band, Sit back and let the eve-ning go.

F / / / / / / / / / C / / / / / / / / / D7 / / / / / / / F7 /
Ser-geant Pepper's Lone-ly, Ser-geant Pepper's Lone-ly, Ser-geant Pepper's Lone-ly Hearts

/ / C /// / F7 / / / / / / / Bb7 / / / / / / / F / / / / /
Club Band. It's wonderful to be here, It's certainly a thrill, you're such a lovely audience,

/ G7 / / / / / / / / / / / / / / / //
We'd like to take you home with us, we'd love to take you home.

She Came In Through The Bathroom Window

CHORDS USED IN THIS SONG:

JOHN LENNON and
PAUL McCARTNEY

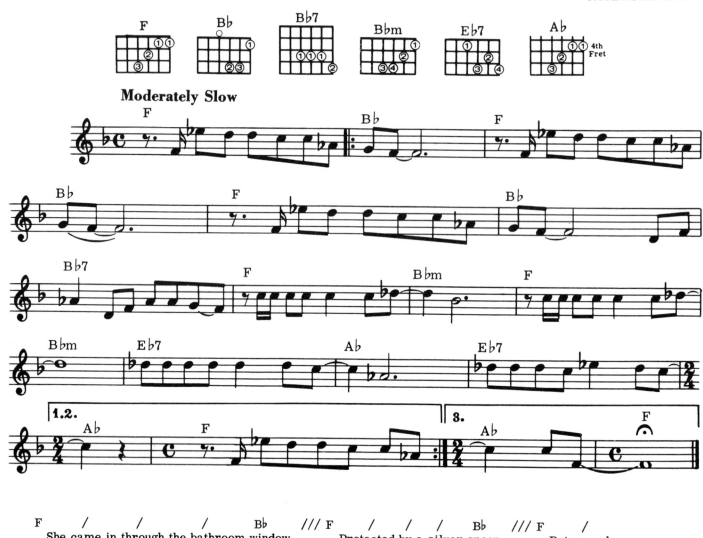

Moderately Slow

F / / / Bb /// F / / / Bb /// F /
    She came in through the bathroom window,   Protected by a silver spoon.   But now she
/ / Bb // / Bb7 / / / F /// Bbm //
Sucks her thumb and wonders   By the banks of her own lagoon.   Didn't anybody tell   her?
F / / // Bbm /// Eb7 / / / Ab / // Eb7 / / / Ab ///
    Didn't anybody see?   Sundays on the phone to Mon - day;   Tuesdays on the phone to me.
F / / / Bb /// F / / / Bb /// F
    She said she'd always been a dancer,   She worked at fifteen clubs a day.   And though she
/ / Bb // / Bb7 / / / F /// Bbm / //
Thought I knew the answer;   Well, I knew what I could not say.   Didn't anybody tell   her?
F / / // Bbm /// Eb7 / / / Ab / // Eb7 / / / Ab ///
    Didn't anybody see?   Sundays on the phone to Mon - day;   Tuesday's on the phone to me.
F / / / Bb /// F / / / Bb /// F
    And so I quit the police department,   And got myself a steady job.   And though she tried
/ Bb // / Bb7 / / / F /// Bbm / //
Her best to help me;   She could steal, but she could not rob.   Didn't anybody tell   her?
F / / // Bbm /// Eb7 / / / Ab /// Eb7 / / /
    Didn't anybody see?   Sundays on the phone to Mon - day; Tuesday's on the phone to me.
Ab / F ///
    Oh yeah.

She Loves You

JOHN LENNON and
PAUL McCARTNEY

CHORDS USED IN THIS SONG:

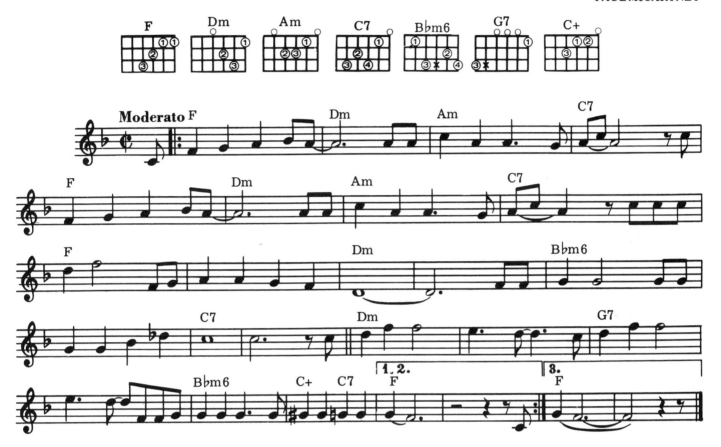

```
          F   /   /   /   Dm // /    Am  / / /   C7   ///    F  /  /  /   Dm //
You think you've lost your love,       Well, I saw her yes-terday-yi-yay.  It's you she's thinking of,
   /   Am  /  /  /   C7   //    /     /   F      /  /   /   /   / /  Dm /// ///
And she told me what  to say-yi-yay.   She says she loves you  and you know that can't be bad.
    /   Bbm6 /// /     /   /     /   C7 /// ////   Dm  /  / / /      //
Yes, she loves you  and you know you should be glad.    Oo,  She loves you, yeh,  yeh,  yeh,
   G7  /   /// / /    /     /   Bbm6 /  /  /  C+  /  C7  /  F /// ////
She loves you, yeh,  yeh,  yeh,  And with a love like that  you know you should be glad.
       F    /   /   Dm ///  Am  / / /   C7   ///   F  /  /  /        Dm //
She said you hurt her so,       She almost lost  her mind,   And now she says she knows
   /   Am  /  /  /   C7   //    /     F    ///     /  /   /   /   / Dm /// ///
You're not the hurt-ing kind.   She says she loves you  and you know that can't be bad.
    /   Bbm6  /// /     /   /     /   C7 ///  /  ///   Dm   /  / / / /     //
Yes, she loves  you  and you know you should be glad.   Oo,   She loves you, yeh,  yeh,  yeh,
   G7  /   /// / /    /     /   Bbm6 /  /  /  C+  /  C7  /  F /// ////
She loves you, yeh,  yeh,  yeh,  And with a love  like that  you know you should be glad.
       F    /   /   Dm ///  Am  / / /   C7   ///   F  /  /  /   Dm /// Am  / / /   C7 //
You know it's up to you,       I think it's on-ly fair,   Pride can hurt you too,       Apologize to her.
    /    F    /  /  /   /     /   /   /  Dm //////  /    Bbm6 /// /    /
Because she loves you  and you know that can't be bad.   Yes, she loves  you  and you know you
   /   C7  /// /  ///  Dm  /  /  / /    //   G7  /  /  / /  /
Should be glad.   Oo. /   She loves you, yeh,  yeh,  yeh,   She loves you, yeh,  yeh,  yeh,
   /   Bbm6 /  /  /  C+  /  C7  /  F /////
And with a love  like that  you know you should be glad.
```

She Said She Said

JOHN LENNON and
PAUL McCARTNEY

CHORDS USED IN THIS SONG:

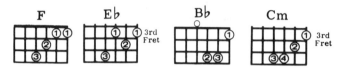

F / Eb /Bb / / / F / Eb /Bb / / / F / Eb / Bb //
She said,   "I know what it's like to be dead,   I know what it is to be sad."

/ F / Eb / Bb /. F /// Eb / Bb / F / / / Eb /Bb / / /
And she's making me feel like I've never been born.   I said,   "Who put all those

F / Eb /Bb / / / F / Eb / Bb // / F / Eb /
Things in your hair,   things that make me feel that I'm mad.   And you're making me feel like I've

Bb / F /// Eb / Bb / F / F / Eb / F / / / Eb / /
Never been born."   She said, "You don't understand what I said." I said "No, no, no,

F / / Cm // F // / / Bb // F // / / Bb // F / Eb /Bb /
You're wrong. When I was a boy   ev'rything was right,   ev'rything was right."   I said,

/ / F / Eb /Bb / / / F / Eb /Bb // / F / Eb
"Even tho' you know what you know,   I know that I'm ready to leave   'cause you're making me feel

/ Bb / F /// Eb / Bb / F /
Like I've never been born."

She's A Woman

JOHN LENNON and
PAUL McCARTNEY

CHORDS USED IN THIS SONG:

Moderately Bright

```
C   /    /   F7  /     /   /   C7 / / / / / / /  /   /   F7   /   /   /  C7 / / / / / F7 /Cm7/
My love  don't give  me  presents,            I know   that she's no peasant,           Only ever
F7  /     /   /   /Cm7/F7  / /   C   /   /     F7    /   /   /   C7 / / / / / / G7    /Dm7
has to give me love forever and forever, My love   don't give me presents.         Turn me on when
G7  /    /   /  F7  /  Cm7 / F7  /   /   /  C   /   /F7   /   /   /  C7  / / G7 / / C   /   /
I get lonely,  People tell me that she's only foolin',  I know   she isn't.      She don't  give
F7  /     /   /  /C7 / / / / / / /  /   /   /   F7    /   /   /  C7 / / / / / / F7  / Cm7/ F7  /  /  /
boys the eye,            She hates  to see me cry,          She is  happy just to hear me
 /   /Cm7/F7  /   /   C   /   /   F7    /   /   /  C7 / / / / / / G7  /Dm7/ G7   /   /   /
say that I will never leave her, She don't give boys the eye.        She will never make me jealous,
F7  /Cm7 / F7  /   /   /  C   /   /   F7    /   /   /  C7 / / / C7 / / / Em  /   /   /
Gives me all her time as well as lovin',  Don't ask  me why.            She's a woman who
A7  /    /  /Em   /   /   /  Dm7  / G7   /C   /   /   /  F7  /   /   /  C7 / / / / / / /
understands,  She's a woman who loves her man,  My love   don't give  me presents,
 /   /   /   /  F7   /   /   /  C7 / / / / / / F7/ Cm7/F7  /   /   /  /Cm7/ F7  /  /  / C   /  /
I know   that she's no peasant,           Only ever has to give me love forever and forever, My love
 /  F7   /   /   /  C7 / / / / / / G7   /Dm7  / G7   /  /   /   F7  / Cm7 / F7  /   /  /C   /
don't give me presents.          Turn me on when I get lonely,  People tell me that she's only foolin',
 / /F7   /   /  /  C7 / / / C7 / / /Em   /   /   /  A7  /   /   /  Em   /   /   /  Dm7  / G7   /
 I know   she isn't.          She's a woman who understands,  She's a woman who loves her man,
C   /    /   /  F7   /   /C7 / / / / / / / G7   /Dm7/ G7   /   /   /   F7   /Cm7 / F7  /   /
She don't   give boys the eye.          She will never make me jealous, Gives me all her time as well
 /  C   /   /   /  F7   /   /   /C7 / / /   / /   /   C7  / / / / / / /  C7   / / /
as lovin',  Don't ask  me why.          She's a woman       She's a woman,
```

She's Leaving Home

JOHN LENNON and
PAUL McCARTNEY

CHORDS USED IN THIS SONG:

C / / Gm / /Dm7/C7 F / / Am / / ///D7 /////F / / / / / G9 / / ///
Wedn'sday morning at five o'clock as the day begins,   Silently closing her bedroom door,

F / / / / / G9 / / / / / C //Gm / /Dm7/C7 F / / Am / /
Leaving the note that she hoped would say more. She goes down   stairs to the kitchen clutching her handkerchief,

///D7 /////F // / / / G9 / / ///F / / / / / G9 /////C //
Quietly turning the back door key,   Stepping outside she is free.   She

/ / / / / / / / / / / // / / / // / / / / / / /
(We gave her most of our lives) is leaving *(Sacrificed most of our lives)* home. *(We gave her*

Gm / / / / / Am / / / // D7 /// //Am / / / ////
ev'rything money could buy.) She's leaving home after living alone for so many years.

Step Inside Love

JOHN LENNON and
PAUL McCARTNEY

CHORDS USED IN THIS SONG:

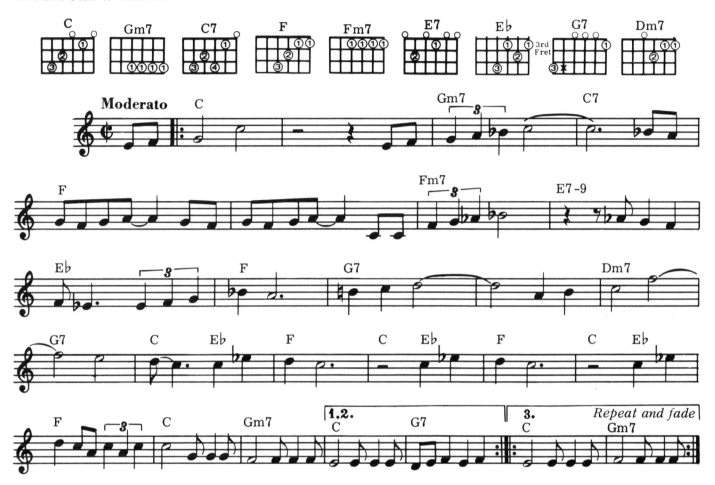

C / / //// / Gm7 / / /C7 // / F / / / / / /
Step inside, love, let me find you a place where the cares of the day will be carried away
/ Fm7 / / E7-9 / / / Eb / / / F / // G7 / / /// / /Dm7 /
By the smile on your face. We are together now and forever, come my way. Step inside,
/ / G7 / / / C / Eb / F / //C / Eb / F / //C / Eb / F / / / / C ///
Love and stay, step inside, love Step inside, love, Step inside, love, I want you to stay.
Gm7 /// C /// G7 / / / C / / //// / Gm7 / / /C7 // / F / / /
You look tired love, let me turn down the light, Come in out of the cold,
/ / / / // Fm7 / / /E7-9 / / / Eb / / / F ///
Rest your head on my shoul-der and love me tonight. I'll always be here if you should need me,
G7 / / /// /Dm7 / / / G7 / / / C / Eb / F / / //C / Eb / F / //C /
Night and day. Step inside, love and stay, step inside, love. Step inside, love,
Eb / F / / / C /// Gm7 /// C /// G7 / / / C / / //// / Gm7 / //
Step inside, love, I want you to stay. When you leave me, Say you'll see me again,
C7 // / F / / // / / / // Fm7 / / /E7-9 / / / Eb /
For I'll know in my heart we will not be apart and I'll miss you till then. We'll be together
/ / F / / / G7 / / / / / /Dm7 / / /G7 / / / C / Eb / F / //C /
Now and forever, come my way. Step inside, love and stay, step inside, love.
Eb / F / / //C / Eb / F / / / C /// Gm7 /// C /// Gm7 /// C /// Gm7 ///
Step inside, love, Step inside, love, I want you to stay.

Strawberry Fields Forever

JOHN LENNON and
PAUL McCARTNEY

CHORDS USED IN THIS SONG:

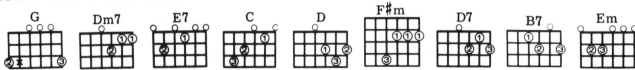

Moderately

G / / / / / // Dm7 / / / / / / / / E7 / / / / / / /
    Let me take you down 'cause I'm goin' to   strawber-ry fields.   Nothing is real,
       C   /   E7   / // C   /   G /// D / F#m /   D7   // B7
And nothing to get hung about   Strawberry fields forever.   Living is easy with eyes closed.
Em   /   /   /   C ///   /   D7   /   G   /   Em /
    Misunderstanding all you see.   It's getting hard to be someone but it all works out
C   /   D   /   C / G/
    It doesn't matter much to me.

Let me take you down 'cause I'm goin' to strawberry fields. Nothing is real, and nothing to get
Hung about strawberry fields forever. No one I think is in my tree I mean it must be high or low.
That is you know you can't tune in but it's all right that is I think it's not too bad.

Let me take you down 'cause I'm goin' to strawberry fields. Nothing is real, and nothing to get
Hung about strawberry fields forever. Always know, sometimes think it's me. But you know and
I know and it's a dream. I think I know of thee, ah, yes but it's all wrong that is I think I disagree.

G / / / / / / / Dm7 / / / / / / / E7 / / / / / / /
    Let me take you down 'cause I'm goin' to   strawberry fields.   Nothing is real,
       C   /   E7   / // C   /   G //
And nothing to get hung about   Strawberry fields forever.

Sun King

CHORDS USED IN THIS SONG:

JOHN LENNON and
PAUL McCARTNEY

Fairly Slow

C /// / /// / Gm /// A /// C /// /// / Gm /// A ///
Here come the Sun King. Here come the Sun King.

F / / / D /// F / / / D /// C /// Em // C C7 /// F ///
Ev'rybody's laughing, Ev'rybody's happy. Here come the Sun King.

F#m7 / / / / / / / G#m E /////// F#m7 / / / / / /
Quando para mucho mi amore de felice corazon. Mundo paparazzi mi amore

/ G#m E /////// F#m7 / / / / / / G#m E ///
Chicka ferdy para sol. Cuesto obrigado tanta mucho que can eat it carousel.

Taxman

GEORGE HARRISON

CHORDS USED IN THIS SONG:

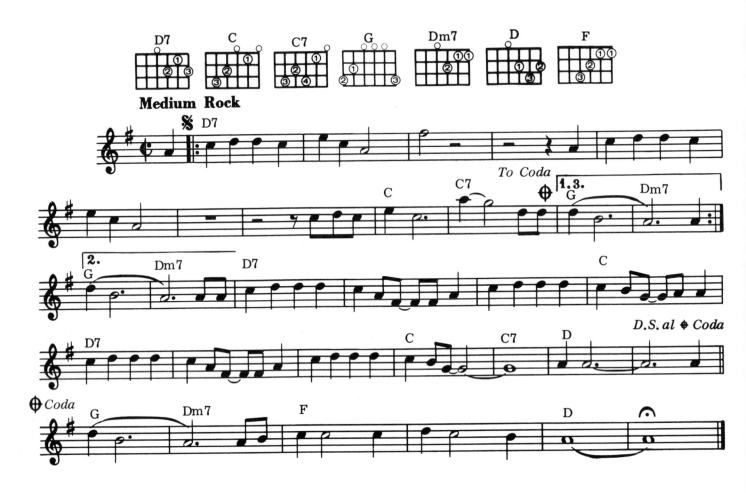

```
D7  / / / / / / / //// ///    /   /   /   /  / /  / / //// ///      /   C ///
Let me tell you how it will be;     There's one for you, nineteen for me.      'Cause I'm the taxman,
C7 //  /   G  /  // Dm7 //   /    D7 / / / /  /  /  / //// ///    /  Be thankful I don't take it all.
Yeh,   I'm the taxman.     Should five percent appear too small,
//// ///        /   C  /  // C7 //  /    G / // Dm7 //    If you drive a car I'll tax the street, if you
         'Cause I'm the taxman,   Yeh,   I'm the taxman.
/ / / /  C  /  /   D7 / / / / / //// ///  /  /  /  /  /  /  / //// ///
Try to sit I'll tax your seat.  If you get too cold I'll tax the heat,  if you take a walk I'll tax your feet.
D  /  //// ///   D7 / / / / / //// ///   /  /  /  / //// ///
Taxman!       Don't ask me what I want it for,      If you don't want to pay some more.
         /  C  / // C7 // /  G  / // Dm7 // / D7 / / / / / //// ///
'Cause I'm the taxman,  Yeh,  I'm the taxman.     Now my advice for those who die:
/ / /  /  /  / //// ///   /   C  / // C7 // /  G  / // Dm7 //
Beware the pennies on your eye!     'Cause I'm the taxman,  Yeh,  I'm the taxman,
/   F / / / / / /  D ///////
And you're working  for no one  but me.
```

Tell Me What You See

JOHN LENNON and
PAUL McCARTNEY

CHORDS USED IN THIS SONG:

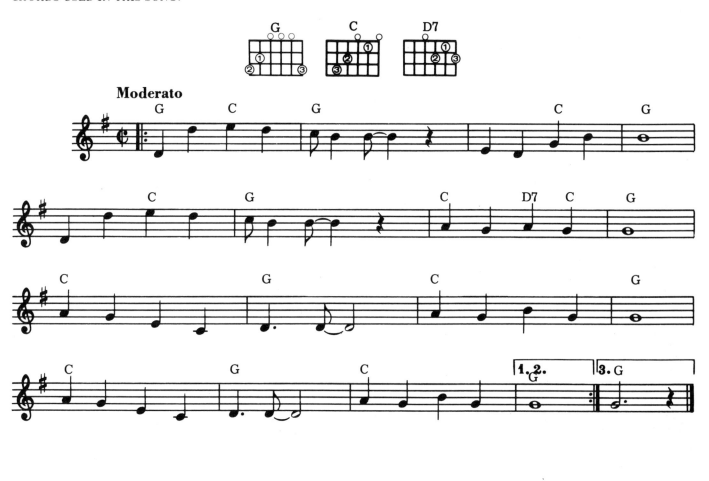

G / C / G   /   //// C / G /// / / C / G /   // C / D7 C G ///
If you let me take your heart,   I will prove to you,   We will never be a-part,   If I'm part of you.

C / / / G /   // C / / / G ///C / / / G /   // C / / / G ///
Open up your eyes now!   Tell me what you see.   It is no surprise now,   What you see is me.

G / C / G   / // / / C / G /// / / C / G   / // C / D7
Big and black the clouds may be,   Time will pass away,   If you put your trust in me,   I'll make bright

C G /// C / / / G /   // C / / / G /// C / / / G/   // C / /
Your day.   Look into those eyes now!   Tell me what you see.   Don't you realize now,   What you see

/ G /// G / C / G ' /   // / / C / G   /// / / C / G   / // C /
Is me.   Listen to me one more time,   How can I get through,   Can't you try to see that I'm   tryin' to

D7 C G /// C / / / G /   // C / / / G ///C / / / G /   // C / / / G///
Get to you.   Open up your eyes now!   Tell me what you see.   It is no surprise now,   What you see is me.

© Copyright 1965 for the World by NORTHERN SONGS LIMITED

Tell Me Why

JOHN LENNON and
PAUL McCARTNEY

CHORDS USED IN THIS SONG:

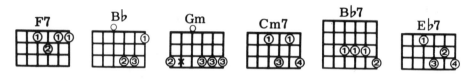

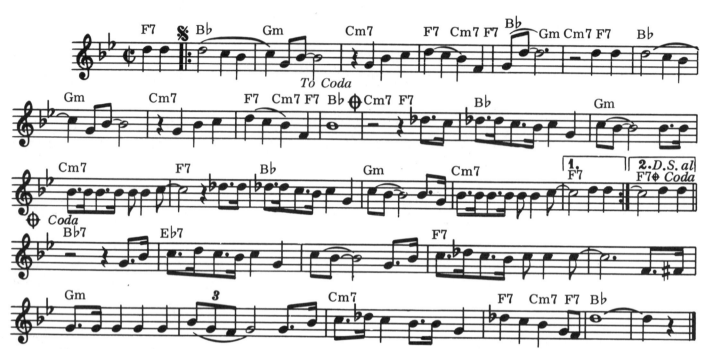

```
F7    /  Bb  ///  Gm   /      //Cm7  /   /  /  F7 /Cm7 F7 Bb / Gm / Cm7 /
Tell me why        you cried,     And why you lied      to me.
F7    /  Bb  ///  Gm   /      //Cm7  /   /  /  F7 / Cm7 F7 Bb /// Cm7 / F7
Tell me why        you cried,     And why you lied      to me.
      /  Bb     /    /  /Gm  //  /  Cm7     /    /   /   F7 //
Well, I gave you ev'rything I had,    But you left me sitting on my  own,
      /  Bb     /    /  /  Gm   //  / Cm7  /    /    /    F7 /
Did you have to treat me oh, so bad?   All I do is hang my head and  moan.
   /  /  Bb ///Gm   /    //Cm7  /    /  /  F7 /Cm7 F7 Bb / Gm / Cm7 /
Tell me why        you cried,     And why you lied      to me,
F7    /  Bb  ///  Gm   /      //Cm7  /   /  /  F7 / Cm7 F7 Bb /// Cm7 / F7
Tell me why        you cried,     And why you lied      to me.
      /  Bb     /    /  /  Gm   //  /   Cm7    /    /  //       F7 /
If it's something that I've said or done,   Tell me what and I'll apolo-gize,
   /  Bb    /   / /Gm//  /  Cm7          /           /       F7 /
If you don't I really can't go on   Holding back these tears in my  eyes.
   /  /  Bb ///Gm   /    //Cm7  /    /  /  F7 /Cm7 F7 Bb / Gm / Cm7 /
Tell me why        you cried,     And why you lied      to me,
F7    /  Bb  ///  Gm   /      //Cm7  /   /  /  F7 / Cm7 F7 Bb /// Bb7 //
Tell me why        you cried,     And why you lied      to me.
      /  Eb7   /   /  /  /   //  /    F7   /    /   /   ///
Well, I beg you on my bended knees,   If you'll only listen to my  pleas,
      /  Gm  /  /  /  /  //  /   Cm7    /    /    / F7 / Cm7 F7 Bb /// //
Is there anything I can do?    'Cause I really can't stand it, I'm so in  love with you.
```

Thank You Girl

JOHN LENNON and
PAUL McCARTNEY

CHORDS USED IN THIS SONG:

Moderately Bright

```
C    //    F    C    //    F    C    //    G7  C  ////  //  F  C  //    F
You      be good to me,     you made me glad    when I was blue.   And    eternally   I'll always

C    //    G7    C    //   /  F  /  // G7/ / /  F    /   // G7    /    // Am  /  /  /
be    in love with you.    And all I gotta do   is Thank You Girl    Thank You  Girl.   Thank You Girl for

Dm  /  /  / G7  /    /  ///// Dm    /   /   / G7  /  /  / C  /   /  /////  /
lovin' me the way that you do,       That's the kind of love that is too good to be true.      And

F  /// G7 /// F      /    // G7    /    //C /// C //    F    C  //
all I gotta do   is Thank You   Girl,   Thank You   Girl.    I    could tell the world   a

F    C  //  G7    C  //////    F  C  //  F  C  //    G7    C  //
thing or two   about our love.    I   know little girl    only a fool   would doubt our love.

/  F  /// G7/// F      /    // G7    /    //Am  /  /  / Dm /  /  / G7
And all I gotta do   is Thank You Girl,   Thank You   Girl.   Thank You Girl for lovin' me the way

/   /   ///// Dm  /  /  / G7  /  /  / C  /   /   /////  / F  /// G7//
that you do,       That's the kind of love that is too good to be true.      And all I gotta do

/ F    /   // G7    /   //C ///
is Thank You  Girl,    Thank You  Girl.
```

There's A Place

JOHN LENNON and
PAUL McCARTNEY

CHORDS USED IN THIS SONG:

There, there's a place where I can go, when I feel low, when I feel blue.

And it's my mind, and there's no time when I'm a-lone I I think of you

And things you do go 'round my head the things you've said. Like I love

On-ly you. In my mind there's no sorrow, Don't you know that it's so.

There'll be no sad tomorrow, Don't you know that it's so. There For there's a

Place where I can go, when I feel low, when I feel blue.

And it's my mind, and there's no time when I'm a-lone. There

Oh there's a place. Oh there's a place. Oh there's a place.

Things We Said Today

CHORDS USED IN THIS SONG:

JOHN LENNON and
PAUL McCARTNEY

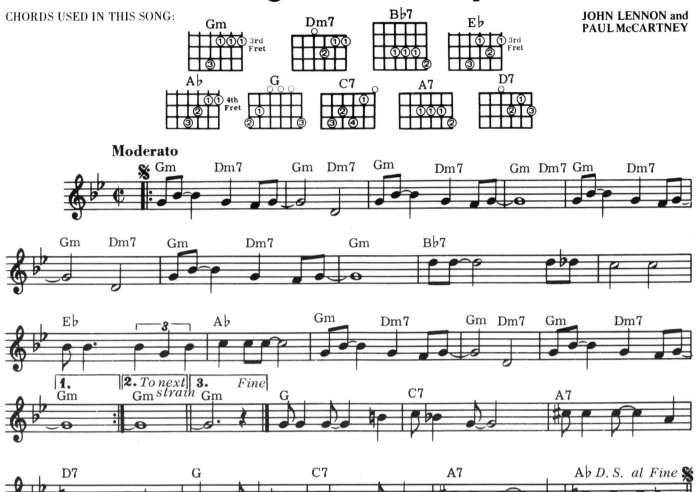

Gm   / Dm7 /   Gm / Dm7 / Gm / Dm7 /   Gm / Dm7 / Gm   / Dm7 / Gm / Dm7 /
You say you will love   me   if I have to go.   You'll be thinking of   me,
Gm   / Dm7 /   Gm /// Bb7   // /   / / / Eb / /   / Ab / //
Somehow I will know.   Someday when I'm lone - ly wishing you weren't so far away,
Gm   / Dm7 /   Gm / Dm7 / Gm   / Dm7 / Gm ///   Gm   / Dm7 /   Gm /
Then I will re-mem - ber   Things we said today.   You say you'll be mine
Dm7 / Gm   / Dm7 /   Gm / Dm7 / Gm   / Dm7 / Gm / Dm7 / Gm   / Dm7 /   Gm ///
Girl   'til the end of time.   These days such a kind   girl, seems so hard to find.
Bb7   // /   / / / / Eb / /   / Ab / // Gm / Dm7   Gm / Dm7 /
Someday when we're dream-ing deep in love not a lot to say,   Then we will re-mem - ber
Gm   / Dm7 /   Gm /// G   /   / C7 /   // A7   /   / / D7 /   / / G /
Things we said today.   Me, I'm just the lucky kind, Love to hear you say that love is love.
    / / C7 /   // A7 /   / / Ab / /   / Gm / Dm7   Gm / Dm7 /
And though we may be blind Love is here to stay. And that's e-nough to make you mine   girl,
Gm   Dm7   Gm / Dm7 / Gm   / Dm7 /   Gm / Dm7 / Gm   / Dm7 /   Gm ///
Be the on - ly one.   Love me all the time   girl, we'll go on and on.
Bb7   // /   / / / / Eb / /   / Ab / // Gm / Dm7   Gm / Dm7 /
Someday when we're dream-ing deep in love not a lot to say,   Then we will re-mem - ber
Gm   / Dm7 /   Gm ///
Things we said today.

Think For Yourself

By
GEORGE HARRISON

CHORDS USED IN THIS SONG:

Am / / / D7 / / / Bb / / / C / / / G / / / / / / Am / / / D7 / / /
I've got a word or two to say about the things that you do. You're telling all those lies

Bb / / / C / / / G / / / Am / / / C7 / / / / / / / G /
about the good things that we can have if we close our eyes. Do what you want to do, and go where you're

/ / / / / / Eb / / / D7 / / / G / / / / / / Am / / / D7 / / / Bb /
going to. Think for yourself 'cause I won't be there with you. I left you far behind

/ / C / / / G / / / / / / Am / / / D7 / / / Bb / / / C
the ruins of the life that you had in mind. And though you still can't see, I know your mind's

/ / / G / / / Am / / / C7 / / / / / / G / / / / / /
made up, you're gonna cause more misery. Do what you want to do, and go where you're going to.

Eb / / / D7 / / / C / / / G / / / Eb / / / D7 / / / C / / /
Thing for yourself 'cause I won't be there with you. Think for youself 'cause I won't be there with you.

G / / / Am / / / D7 / / / Bb / / / C / / / G / / / / / / Am / / /
Although your mind's opaque, Try thinking more if just for your own sake. The future

D7 / / / Bb / / / C / / / G / / / Am / / / C7 / / / / / / /
still looks good and you've got time to rectify all the things that you should. Do what you want to do,

G / / / / / / Eb / / / D7 / / / C / / / / / / / G / / /
and go where you're going to. Think for yourself 'cause I won't be there with you.

Eb / / / D7 / / / C / / / G / / /
Think for yourself 'cause I won't be there with you.

This Boy

CHORDS USED IN THIS SONG:

JOHN LENNON and
PAUL McCARTNEY

C   /Am /Dm   /   G7 / C   /Am /Dm   /   G7 /   C /Am /
That boy   took my love a-way,   Oh, he'll regret it some day

F   / G7   /   C /Am /Dm / G7 / C   /Am /Dm /   G7 /   C   /Am / Dm
But this boy wants you back again.   That boy   isn't good for you,

/   G7 / C   /Am / F   / G7   /   C /Am /C / C7 / F   //
Though he may want you too,   This boy wants you back again.   Oh, and this boy

/   E7 // /   Am // /   C7 / / / F / / /   D7   ///
Would be happy   just to love you, But, oh my-yi-yi-yi that boy   won't be happy

G7 /   / / / / /   C   /Am /Dm   /   G7 / C   /Am /Dm
Till he's seen you cry-hi-hi-hi. This boy   wouldn't mind the pain,

/   G7 / C   /Am / F   / G7   /   C   /Am /Dm / G7 /
Would always feel the same,   If this boy gets you back again.

C   /Am /Dm / G7 / C   /Am /Dm / G7 /
This boy,   This boy,

© Copyright 1963 for the World by NORTHERN SONGS LIMITED

Ticket To Ride

JOHN LENNON and
PAUL McCARTNEY

CHORDS USED IN THIS SONG:

Moderately Bright

1. I think I'm gonna be sad,   I think it's today.   Yeh!   The girl that's driving me mad
Is going a-way.   She's got a ticket to ride,   She's got a ticket to ri-hi-hide.
She's got a ticket to ride,   but she don't care.

2. She said that living with me is bringing her down. Yeh! For she would never be free
When I was around. She's got a ticket to ride, She's got a ticket to ri-hi-hide.
She's got a ticket to ride, but she don't care.

I don't know why she's riding so high,   She ought to think right   she ought to do right   by me.
Before she gets to saying goodbye,   She ought to think right,   she ought to do right   by me.

3. She said that living with me is bringing her down. Yeh! For she would never be free when
I was around. She's got a ticket to ride, She's got a ticket to ri-hi-hide.
She's got a ticket to ride, but she don't care.
My baby don't care.   My baby don't care.   My baby don't care.

Tip Of My Tongue

JOHN LENNON and
PAUL McCARTNEY

CHORDS USED IN THIS SONG:

Moderately

F / C7 /// ///
When I want to speak to you, It sometimes takes a week or two to think of things I want to say to you,

/ F / / / Bb / C7 / F /// C7 /// F / / / / / / / / / / / /
But words just stay on the tip of my tongue. When the skies are not so blue, there's nothing left for

/ / / / / / / / / / / / / / C7 /// /// / F / / / Bb / C7 / F /// C7 ///
Me to do, Just think of something new to say to you, But words just stay on the tip of my tongue.

Gm7 / / / /Bbm / / / F /// / / / /Gm7 / / / Bbm / / / F /// / / / / Gm7 / / / Bbm / / / F
Peo-ple say I'm lonely, On-ly you know that's not true. You know I'm wait-ing

/ / / / // / G7 / / / / / // / C7 /// //// F / / / / / / / / / / /
For a chance to prove my love to you. Soon enough my time will come, And after all is said

/ / / / / / / / / / / / / / / / C7 /// /// / F / / / Bb / C7 / F
And done, I'll marry you and we will live as one, With no more words on the tip of my tongue

/ / / / C7 / / / / F / / / /
No more, No words on the tip of my tongue.

Tomorrow Never Knows

JOHN LENNON and
PAUL McCARTNEY

CHORD USED IN THIS SONG:

Moderato

G / / / / / / / / / ///// / / / ///// / / / / / //
Turn off your mind, relax, and float down stream, it is not dying, it is not dying,

/ / / / / / / / / / / / / / ///// / / ///// / / //
Lay down all thoughts, surrender to the void, it is shining, it is shining.

/ / / / / / / / / ///// / / / ///// / / / //////
Yet you may see the meaning of within, it is being, it is being.

G / / / / / / / / ////// / / / ///// / / / ///// / / / /
Love is all and love is ev'ryone, it is knowing, it is knowing. And ignorance

/ / / / / ////// / / / ///// / / / ///// / / / /
and hate mourn the dead, it is believing, it is believing. But listen to the

/ / / / / / ////// / / / ///// / / / ////// / / / /
color of your dreams, it is not leaving, it is not leaving. So play the game

/ / / // / ////// / / / ///// / / / /////
"Existence" to the end of the beginning, of the beginning.

Two Of Us

JOHN LENNON &
PAUL McCARTNEY

CHORDS USED IN THIS SONG:

A / D / / A / / / Bm / / / / / / A / / /
Two of us riding nowhere spending someone's hard earned pay   You and me

/ / / / / / / / / / / / / / D / / A / / / Bm   A / / / / DE / / / A / / / / D
Sunday driving, Not arriving on our   way back home   We're on our way home

E / / /   A / / / / / / D / / / / / A / / / / / / / /
We're on our way home   We're going home.

Two of us sending postcards, writing letters on my wall,
You and me burning matches, lifting latches on our way,
Back home .   We're on our way home,   We're on our way home,
We're goin' home

C / / / / / Em / / / /   / / Am / / / / / / Bm7 / / / / / / / Bm / / / / / / /
You and I have memories   Longer than the road that stretches out ahead————————

Two of us wearing raincoats, Standing solo in the sun,
You and me chasing paper, Getting nowhere on our way,
Back home.   We're on our way home,   We're on our way home,
We're goin' home

Wait

JOHN LENNON and
PAUL McCARTNEY

CHORDS USED IN THIS SONG:

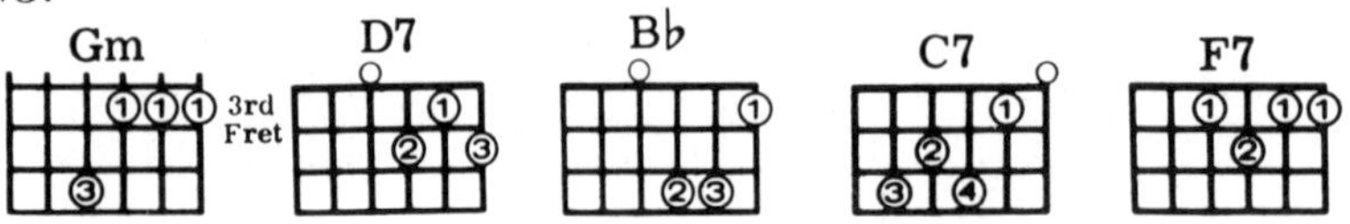

Gm / D7 / / / Gm / D7 / Gm / / / D7 / / / Gm /
It's been a long time, now I'm coming back home. I've been away now, oh, how

D7 / Gm / B♭ // / / / / / /// / / / D7 / Gm // /
I've been alone, Wait till I come back to your side, We'll forget the tears we cried; But if your

/ / D7 / / / Gm / D7 / Gm / / / D7 / / / Gm /
Heart breaks, don't wait, turn me away. And if your heart's strong, Hold on,

D7 / Gm / B♭ // / / / / / /// / / / D7 / Gm // /
I won't delay. Wait till I come back to your side, We'll forget the tears we cried. I feel as

C7 // / F7 // / B♭ / / / Gm // / C7 // / F7 //
Though you ought to know that I've been good, as good as I can be. And if you do I'll trust in you

/ B♭ // / Gm D7 / / Gm / D7 / / / Gm / D7 / Gm
And know that you will wait for me. It's been a long time, now I'm coming back home.

/ / / D7 / / / Gm / D7 / Gm / B♭ // / / / / / ///
I've been away now, oh, how I've been alone. Wait till I come back to your side,

/ / / D7 / Gm // / / / D7 / / / Gm / D7 / Gm
We'll forget the tears we cried; It's been a long time, now I'm coming back home.

/ / / D7 / / / Gm / D7 / Gm /
I've been away now, Oh, how I've been alone.

We Can Work It Out

CHORDS USED IN THIS SONG:

JOHN LENNON and
PAUL McCARTNEY

Moderately Slow

G   /   C G /   /   C   /   F   /   G//   /   C G
1. Try to see it my way,   Do I have to keep on talking till I can't go on?   While you see it your way,
/   /   C   /   F   /   G / C   /   G / C   /   / D7
Run the risk of knowing that our love may soon be gone.   We can work it out.   We can work it out.

G   /   C G /   /   C   /   F   /   G /
2. Think of what you're saying,   You can get it wrong and still you think that it's all right.
/   /   C G /   /   C   /   F   /   G /
Think of what I'm saying,   We can work it out and get it straight, or say goodnight.
C   /   G / C   /   / D7 Em / / /   //   /   /   /   C ///
We can work it out.   We can work it out.   Life is very short,   and there's no time
B7 /   /   /   Em   /   /   / / / / / /   /   /   //   /   /   C ///
For fussing and fighting, my friend.   I have always thought   that's it's a crime,
B7 /   / / Em /   /   / / / / / / G   /   C G /   /   C   /
So I will ask you once again.   3. Try to see it my way,   Only time will tell if I am
F   /   G //   /   /   C G /   /   C   /   F
Right or I am wrong.   While you see it your way.   There's a chance that we might fall apart
/   G / C   /   G / C   /   / D7 G / D7 / G //
Before too long.   We can work it out,   We can work it out.

What Goes On

By
JOHN LENNON, PAUL McCARTNEY
and RICHARD STARKEY

CHORDS USED IN THIS SONG:

CHORUS:

C ///// / / /   //// / / /   ////// / /   F /// / /   C //// / ///
What goes on   in your heart,   What goes on   in your mind?   You are tear - ing me apart

/// //   / / /   //// / / / F //// /   / Dm7 /// G7 / / /   C   /// ///
    when you treat   me so unkind,   What goes on   in your mind?

VERSE 1.

/ C / / /   / / / /Fm / / /   /   // / C / / / / / / /   Fm / / / / /
The other day I saw you as I walked along the road,   but when I saw him with you I could feel my future fold.

/ / / / / / /G7 / / / C ///// / / G7 /// //
It's so easy for a girl like you to lie,   tell me why.   *(Repeat Chorus)*

VERSE 2.

/ C / / /   / / / / / /Fm / / /   /   // / C / / / // / / Fm / / / /
I met you in the morning waiting for the tides of time,   But now the tide is turning, I can see that I was blind.

/ / / / / / /G7 / / / C /// // / / G7 /// //
It's so easy for a girl like you to lie,   tell me why.   *(Repeat Chorus)*

VERSE 3.

/ C / / / / / / / / /Fm / / / / / / /   // / C / / / // / / Fm / / / /   /
I used to think of no one else but you were just the same,   you didn't even think of me as someone with a name.

/ / / /   /   / / /G7 / / / C ///// / / G7 //// //
Did you mean to break my heart and watch me die,   tell me why.   *(Repeat Chorus)*

What You're Doing

JOHN LENNON and
PAUL McCARTNEY

CHORDS USED IN THIS SONG:

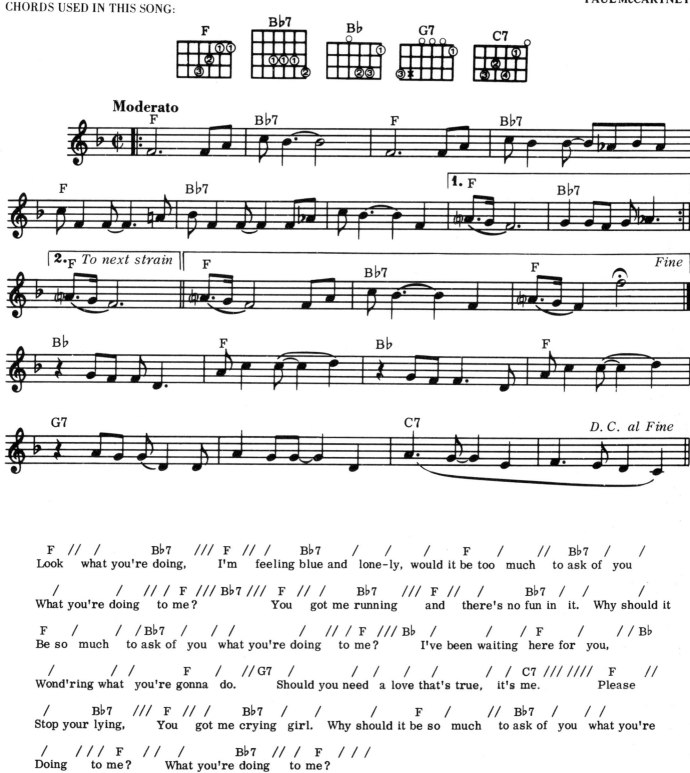

F // /   Bb7   /// F // /   Bb7   /   /   /   F   /   // Bb7 /   /
Look what you're doing,   I'm   feeling blue and lone-ly, would it be too much   to ask of you

/   /   /// F /// Bb7 /// F // /   Bb7   /// F // /   Bb7 /   /   /
What you're doing to me?   You   got me running   and   there's no fun in it. Why should it

F   /   / /Bb7 / / /   /   /// F /// Bb /   /   / F   /   //Bb
Be so much   to ask of you what you're doing to me?   I've been waiting here for you,

/   /   /   F   / //G7 /   /   /   /   / / C7 /// ////   F   //
Wond'ring what you're gonna do.   Should you need a love that's true, it's me.   Please

/   Bb7   /// F /// Bb7   /   /   /   F   /   // Bb7 /   //
Stop your lying,   You   got me crying girl. Why should it be so much   to ask of you what you're

/   /// F // /   Bb7   /// / F ///
Doing   to me?   What you're doing to me?

When I Get Home

JOHN LENNON and
PAUL McCARTNEY

CHORDS USED IN THIS SONG:

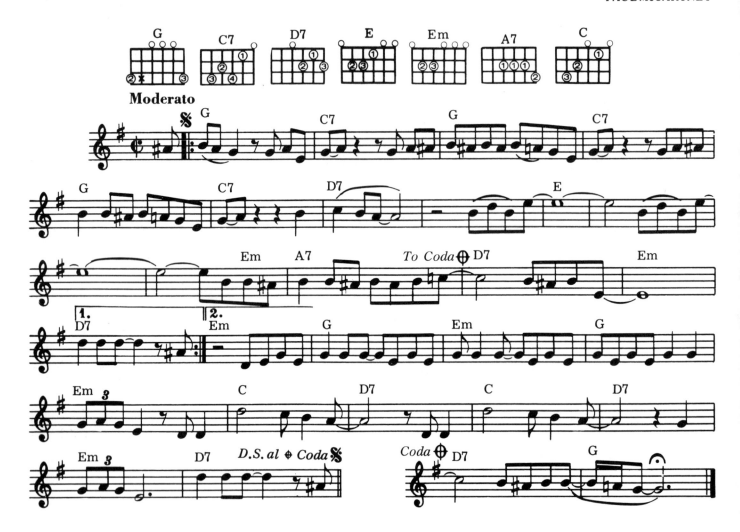

```
       G //    /  C7 //  /  G   /   / C7 //    /  G  /  /    /  C7 //
Come on,   I'm on my way,  I'm a gonna see my baby today.  I've got a whole lot of things I've gotta say
  /  D7 //// //  /  /  E /// //  /  /  //// ///  Em   A7  /  /    /  D7 //  /  /
To her.   Whoa-ah,    Whoa-ah,       I got a whole lot of things to tell her    when I get home.
Em /// D7 ///   G ///    C7  /    /  C7 //   /  G  /  /
          Come on,  if you please,  I've got no time for trivialities.  I've got a girl who's waiting
   /  C7 //  / D7 //// /  /  / E ///  /  /  /  //// ///  Em   A7  /  /    /
Home for me   tonight.   Whoa-ah,    Whoa-ah,     I got a whole lot of things to tell her
D7  /  /   /   Em //// //  /  /   G   /  /    /  Em   /  /   /
   When I get home.      When I'm getting home tonight, I'm gonna hold her  tight, I'm gonna
  G   /   /   /  Em //  / C //  /  D7 //  / C  /  /   /  D7 /// Em///
Love her till the cows come home.  I bet I'll love her  more    till I walk  out that  door    again.
D7 ///   G //  / C7 //  /  G  /  /    /  C7 //    /  G  /  /    /
   Come on,   'less I do,  I've got so many things I've got to do.  I've got no bus'ness being here
   C7 //  /  D7 /// //  /  /  E ////  //  /  /  //// ///  Em  A7  /  /    /
With you   this way.   Whoa-ah,    Whoa-ah,     I got a whole lot of things to tell her
D7  /  /   /  G  ///
   When I get home.
```

When I'm Sixty-Four

JOHN LENNON and
PAUL McCARTNEY

CHORDS USED IN THIS SONG:

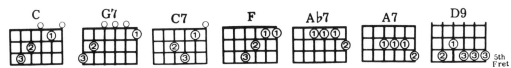

Medium Bounce

C / / / / / / / / / / / G7 ///
When I get old-er losing my hair   many years from now.

/ / / / / / / / / / / // / / / / C / //
Will you still be sending me a valen-tine,   birthday greetings, bottle of wine?

/ / / / / / / / // C7 / / / F ///
If I'd been out till quarter to three   would you lock the door?

/ / Ab7 / C / A7 / D9 / G7 / C ///
Will you still need   me, will you still feed   me, When I'm six - ty four?

C / / / / / / / / / / / G7 ///
I could be han-dy mending a fuse   when your lights have gone.

/ / / / / / / / / / / / C / //
You can knit a sweater by the fire-side,   Sunday mornings, go for a ride.

/ / / / / / / / // C7 / / / F ///
Doing the gar-den, digging the weeds   Who could ask for more?

/ / Ab7 / C / A7 / D9 / G7 / C ///
Will you still need   me, will you still feed   me, When I'm six-ty four?

C / / / / / / / / / / / G7 ///
Send me a post-card, drop me a line   stating   point of view.

/ / / / / / / / // / / / / / C / //
Indicate precisely what you mean to say,   Yours sincerely wasting away.

/ / / / / / / // C7 / / / F ///
Give me an an-swer, fill in a form,   mine for-ev-er-more.

/ / Ab7 / C / A7 / D9 / G7 / C //
Will you still need   me, will you still feed   me, When I'm six-ty four?

With A Little Help From My Friends

JOHN LENNON and
PAUL McCARTNEY

CHORDS USED IN THIS SONG:

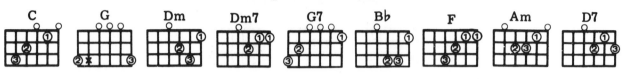

Moderately

C   /   G   /   Dm   /   /   /   Dm7   /   G7   /   C ///
What would you do if I sang out of tune, would you stand up and walk out on me?
/   /   G   /   Dm   /   /   /   Dm7   /   G7   /   C //
Lend me your ears and I'll sing you a song and I'll try not to sing out of key.   Oh
/   Bb   /   F   /   C   /   /   /   Bb   /   F   /   C   /
I get by with a little help from my friends. Mm, I get high with a little help from my friends.
/   /   /   F   /   /   /   C ///
Mm, I'm gonna try with a little help from my friends.
C   /   G   /   Dm   /   /   /   Dm7   /   G7   /   C ///
What do I do when my love is away, does it worry you to be alone?
/   /   G   /   Dm   /   /   /   Dm7   /   G7   /   C //
How do I feel by the end of the day, are you sad because you're on your own?   No
/   Bb   /   F   /   C   /   /   /   Bb   /   F   /   C   /
I get by with a little help from my friends. Mm, I get high with a little help from my friends.
/   /   /   F   /   /   /   C   /   /   Am ///D7 ///
Mm, I'm gonna try with a little help from my friends.   Do you need   anybody?
C   /Bb   /   F   /   /   /Am///   /D7 ///   C   /Bb   /   F ///
I need somebody to love.   Could it be   any-body?   I want somebody to love.
C   /   G   /   Dm   /   /   /   Dm7   /   G7   /   C ///
Would you believe in a love at first sight? Yes, I'm certain that it happens all the time.
/   /   G   /   Dm   /   /   /   Dm7   /   G7   /   C //
What do you see when you turn out the light? I can't tell you but I know it's mine.   Oh
/   Bb   /   F   /   C   /   /   /   Bb   /   F   /   C   /
I get by with a little help from my friends. Mm, I get high with a little help from my friends.
/   /   /   F   /   /   /   C //
Mm, I'm gonna try with a little help from my friends.

Within You Without You

CHORDS USED IN THIS SONG:

GEORGE HARRISON

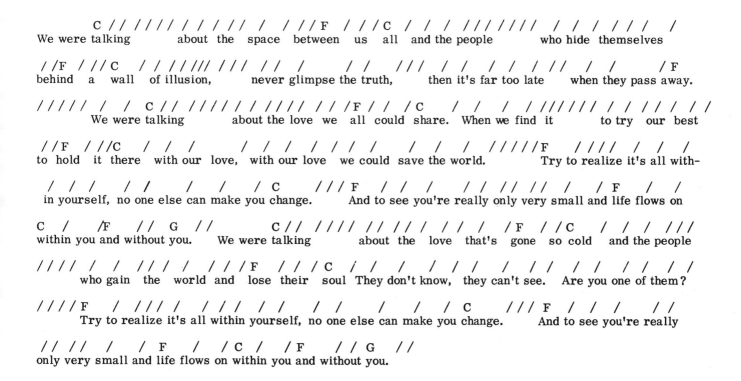

D. C. al Fine

C / / / / / / / / / / / / / / / F / / / C /
We were talking   about the space between us all and the people   who hide themselves

/ / F / / / C / F
behind a wall of illusion,   never glimpse the truth,   then it's far too late   when they pass away.

/ / / / / / / C / / / / / / / / / / / / / F / / / C / / / / / / / / / / / / / / /
    We were talking   about the love we all could share. When we find it   to try our best

/ / F / / / C / F / / / / / / /
to hold it there with our love, with our love we could save the world.   Try to realize it's all with-

/ / / / / / / / / / / C / / / F / / / / / / / / / / / F / / /
in yourself, no one else can make you change.   And to see you're really only very small and life flows on

C / / F / / G / / C / / / / / / / / / / / / / / / F / / C / / / / / /
within you and without you.   We were talking   about the love that's gone so cold   and the people

/ / / / / / / / / / / / / / F / / / C / / / / / / / / / / / / / / / / / / /
    who gain the world and lose their soul They don't know, they can't see. Are you one of them?

/ / / / F / / / / / / / / / / / / / / / / / / C / / / F / / / / / /
    Try to realize it's all within yourself, no one else can make you change.   And to see you're really

/ / / / / / F / / C / / F / / G / /
only very small and life flows on within you and without you.

The Word

JOHN LENNON and
PAUL McCARTNEY

CHORDS USED IN THIS SONG:

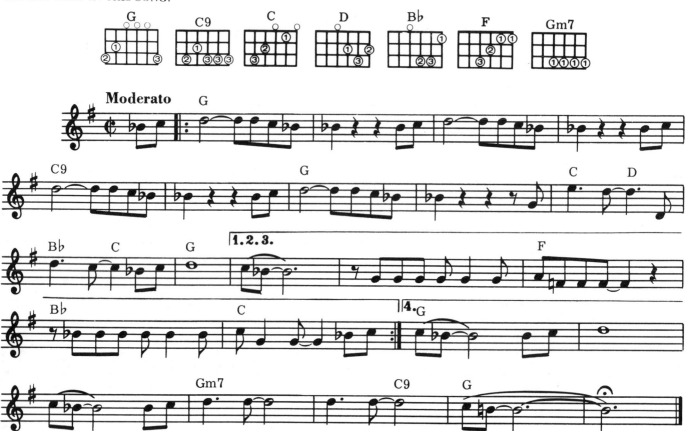

G //   /   /// /   /   Say the word   and you'll be free,   Say the word   and be like me.   Say the word   I'm thinking of

/   G //   /   /   ///   C /   D/   Bb /   C /   G ///   /   ////
Have you heard   the word is love?   It's so fine,   it's sun-shine,   It's the word   love.

/   /   /   /   F   /   // Bb   /   /   C   /   /   ///   G //   /
In the beginning   I misunderstood,   But now I've got it,   the word is good;   Say the word   and you'll be

/   //   /   C9 //   /   /   ///   G //   /   ////
Free,   Say the word   and be like me.   Say the word   I'm thinking of   Have you heard   the word is love?

C /   D/   Bb /   C /   G ///   /   ////   /   /   /   F   /   // Bb   /
It's so fine,   it's sun-shine,   It's the word   love.   Ev'rywhere I go   I hear it said,   In the good

/   /   C   /   /   /   G //   /   /   ///
And the bad books that I have   read,   Say the word   and you'll be free,   Say the word   and be like me.

/   C9 //   /   /   ////   G //   /   ///   C /   D/   Bb /   C
Say the word   I'm thinking of   Have you heard   the word is love?   It's so fine,   it's sun-shine,

/   G ///   /   ////   /   /   /   F   /   // Bb   /   /   C
It's the word   love.   Now that I know what   I feel must be right,   I mean to show ev-'rybody the

/   /   G //   /   ////   ///   /   /   ////   C9 //   /   ///
Light.   Give the word   a chance to say   that the word   is just the way.   It's the word   I'm thinking of

/   G//   /   ////   C /   D/   Bb /   C /   G ///   /   ///   /   ///
And the on - ly word is love.   It's so fine,   it's sun-shine,   It's the word   love.   Say the word

////   /   Gm7 /////   C9 /   G   //////
Love   Say the word,   love.

World Without Love

JOHN LENNON and
PAUL McCARTNEY

CHORDS USED IN THIS SONG:

Eb / / / G7 // / Cm / / / /// / Eb // / Ab // / Eb / /////
Please lock me away   and don't allow the day here inside where I hide with my loneliness.

/ Fm7 / / / Bb7 / / / Eb /// Fm7 / Bb7 / Eb / / /
I don't care what they say, I won't stay in a world with-out love.   Birds sing out of tune

G7 // / Cm / / / /// / Eb // / Ab // / Eb / ///// / Fm7
And rain-drops hide the moon. I'm O. K. here I'll stay with my loneliness.   I don't care

/ / / Bb7 / / Eb /// //// Abm / / / / // Eb / /
What they say, I won't stay in a world with-out love.   So I wait and in a while   I will see

/ / // Abm / / / / // Fm7 / / / / / Bb7 /
My true love smile.   She may come, I know not when.   When she does I'll know, So baby until

Eb / / / G7 // / Cm / / / // / Eb // / Ab // / Eb / ////
Then, lock me away   and don't allow the day here inside where I hide with my loneliness.

/ Fm7 / / / Bb7 / / / Eb / / / / / /
I don't care what they say, I won't stay in a world with-out love.

Yellow Submarine

CHORDS USED IN THIS SONG:

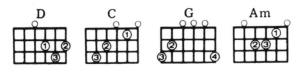

JOHN LENNON and
PAUL McCARTNEY

Moderately Bright

```
       D //    C  G //  /  Am //    /    D //  /  /  // C  G //
In the town   where I was born  lived a man  who sailed to sea.  And he told  us of his life
     /  Am //   /   D /// D //  C  G //  /  Am //   /   D //
In the land  of submarines.  So we sailed  up to the sun  till we found  the sea of green,
     /    /  // C   G  ///  Am / / /  D /// G / / / D   /   //
And we lived  beneath the waves  in our yellow  submarine.  We all live in a yellow submarine,
    /   /   / / G   /  /  / G / / / D  / / / / / //
Yellow submarine,  yellow submarine,  We all live in a yellow submarine,  yellow submarine,
     G   /   / D // C  G //  /  Am / / /   D //
Yellow submarine.  And our friends  are all on board,  many more of them  live next door,
     /   / / / C   G /// G / / /  D    / / / / /
And the band  begins to play.  We all live in a yellow submarine,  yellow submarine,
     G   /  / / G / / / D  /  / / / / G  /  /
Yellow submarine.  We all live in a yellow submarine,  yellow submarine, yellow submarine.
     /  D // C  G //  / Am  / / /    D // /  /// C
As we live  a life of ease,  ev'ryone of us  has all we need.  Sky of blue  and sea of
     G /// Am / / / D //
Green  in our yellow  submarine.
```

Yer Blues

JOHN LENNON and
PAUL McCARTNEY

CHORDS USED IN THIS SONG:

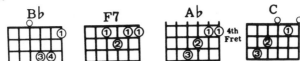

Slow Blues

```
      F7 ///// ///    /  /  /// /// /// /   /    Bb / / /// /// /   /    F7 // /// ///
Yes I'm lonely,         wanna die,   Yes, I'm lone-ly,    wanna die.
/ / / Ab   /   /   / / C ////   /         /              F // Bb // F // /
 If I ain't dead already.   Girl,  you know the reason why.
 /  F  /   /      /// /    /              // //// /
My mother  was of the sky,  my father  was of the earth. But I am of the universe
/   /   /    /         /    /   F7 ///// ///  / / /// /// /// /    / Bb / / /// ///
And you know what it's worth. I'm lonely         wanna die,    Yes, I'm lonely,
/  /  / F7 ///// ///  / / Ab  /   /   /  / / C ////  /        /        F // Bb // F // /
 Wanna die.        If I ain't dead already.     Girl,  you know the reason why.
 /  F /     /      /   /  / /      /      // / /    /
The ea-gle picks my eye,  The worm,  he licks my bone.  I feel so suicidal just like
/   /   /      /     F7 ///// ///  / / /// /// /// /   /    Bb // /// ///
Dylan's Mister Jones.  I'm lonely,       wanna die,    Yes, I'm lonely,
/  /  / F7 ///// /// /// / / Ab  /   /   /  / / C ////  /      /        F // Bb // F // /
 Wanna die.          If I ain't dead already.    Girl,  you know the reason why.
 /  F /     /       / / ///  /      // / /    /   //
The black cloud crossed my mind,  Blue  mist round my soul.  I feel so suicidal, even
/   /   /    /      /  / F7 ///// ///  / / /// /// /// /   /    / Bb / / //// ///
Hate my rock and roll.  I'm lonely,        wanna die,    Yes, I'm lonely,
/   / / F7 // /// /// /  / / Ab  /   /   /  / / C ////  /      /        F // Bb // F // /
 Wanna die.        If I ain't dead already.     Girl,  you know the reason why.
```

Yes It Is

JOHN LENNON and
PAUL McCARTNEY

CHORDS USED IN THIS SONG:

```
C           /  F       /  Dm7 /  G7 /  C        /  F       /  Bb     /  G7 /  C      /  Am      /  F        /
If you wear red   tonight      Remember what I said   tonight,       For red is the color that my baby wore
Bb          /  Am   /  C   /////C        /  F       /  Dm7 /  G7 /  C   /  F       /
And what's more  it's true,   yes it is.    Scarlet were the clothes   she wore,   Ev'rybody knows  I'm
Bb    /  G7 /  C   /  Am        /  F              /  Bb         /  Am  /  C   /  /  /         /
sure.       I would remember all the things we planned  Understand  it's true,   yes it is, it's true,   yes it is.
Bb  /  C       /  F        /  Dm7 /  Bb     /  C       /  Am             /         /    /  D7 /  G7 /
I could be happy   with you by my side   If I could forget her,  but it's my pride. Yes it is, yes it is, oh, yes it is, yeh!
C           /  F       /  Dm7 /  G7 /  C        /  F       /  Bb     /  G7 /  C      /  Am  /  F
Please don't wear red   tonight,       This is what I said   tonight,       For red is the color that will make
      /  Bb        /  Am  /  C   /  E       /  F       /  C    /  /  /
blue   In spite of you   it's true,   yes it is, it's true,   yes,  it is, it's true.
```

Yesterday

JOHN LENNON and
PAUL McCARTNEY

CHORDS USED IN THIS SONG:

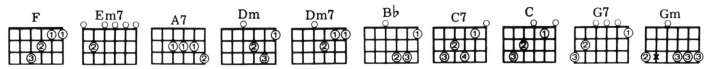

Moderato

F /// Em7 / A7 / Dm // Dm7
Yesterday,   All my troubles seemed so far away,
Bb / C7 / F / / C Dm7 / G7 / Bb / //
   Now it looks as though they're here to stay, Oh   believe in yesterday.
/ /// Em7 / A7 / Dm // Dm7
Suddenly,   I'm not half the man I used to be,
Bb / C7 / F / / C Dm7 / G7 / Bb F //
   There's a shadow hanging over me Oh yes - terday came suddenly.
Em7 / A7 / Dm C Bb Dm Gm / C7 / F ///
Why she had to go I don't know, she wouldn't say.
Em7 / A7 / Dm C Bb Dm Gm / C7 / F //// / ///
  I said something wrong, now I long for yesterday. Yesterday,
Em7 / A7 / Dm //Dm7 Bb / C7 / F / /C
  Love was such an easy game to play,   Now I need a place to hide away, Oh
Dm7 / G7 / Bb F // / G7 / Bb F //
  I believe in yes-terday, Mm mm mm mm mm.

You Can't Do That

JOHN LENNON and
PAUL McCARTNEY

CHORDS USED IN THIS SONG:

You Like Me Too Much

GEORGE HARRISON

CHORDS USED IN THIS SONG:

Am   /   /   /   /   /   /   / C // /G /   / / Am   /   /   /   /   /   ///
Though you're gone away this morning, you'll be back again tonight,   telling me there'll be no next time if I

C   /   /   / G   // / Bm /   /   /   /   /   / D7 ///// / / G / /
just don't treat you right.   You'll never   leave   me and you know it's true,   'Cause you like   me

  / C   / / / D /G/D/G / Am /   /   /   /   /   / C /   / / G   / / /
too much and I like you.   You've tried before to leave me but you haven't got the nerve   to walk

Am / /   /   /   /   /   / C // /G / / Bm /   /   /   /   / / / D7 /////
out and make me lonely which is all that I deserve.   You'll never leave   me and you know it's true,

  /   / G / / /C   / / /D /G/D7/// Em7 /// //// /A7 ///// // Bm
'Cause you like   me too much and I like you.   I   really do,   And it's nice

  / / /A7 / //Em7 /   A7 / /   / D7 /Am /   /   /   /   /   C / /
when you believe me,   If   you   leave me,   I will follow you and bring you back where you

/G /   /   /Am /   /   /   /   / /C / / / G   ///Bm /   /   /   / /   /
belong 'Cause I couldn't really stand it, I admit that I was wrong,   I wouldn't let you leave me 'cause it's

D7 ///// / / G / / /C   /// /G //////
true,   'Cause you like   me too much and I like you.

You Never Give Me
Your Money

JOHN LENNON and
PAUL McCARTNEY

CHORDS USED IN THIS SONG:

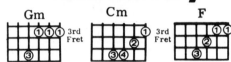

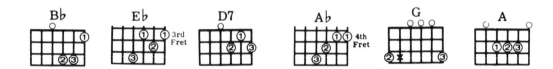

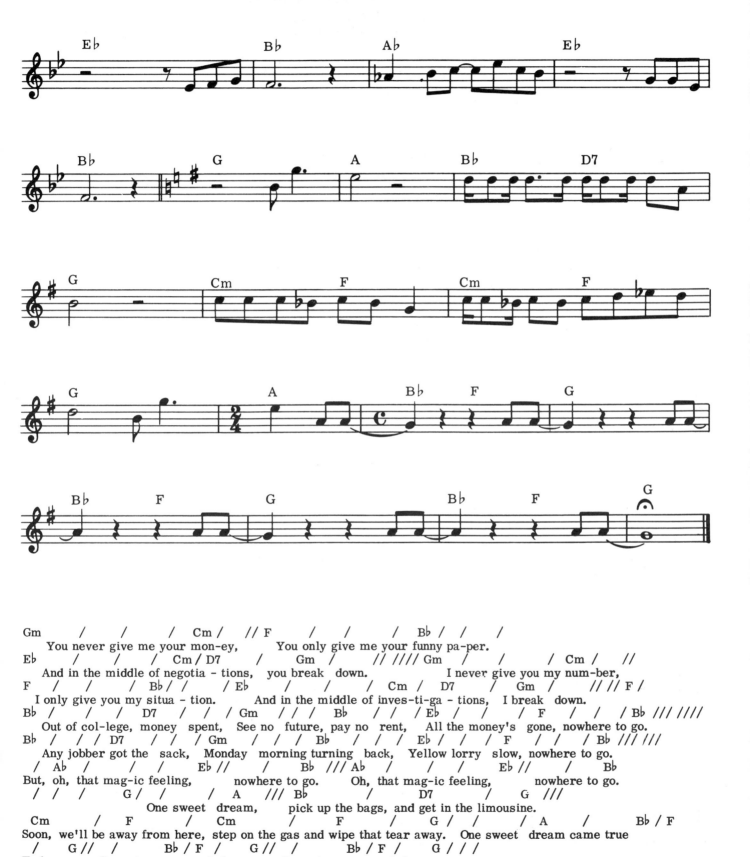

Gm   /   /   / Cm /   // F   /   /   / Bb / /   /
   You never give me your mon-ey,   You only give me your funny pa-per.
Eb   /   /   / Cm / D7   /   Gm /   // //// Gm /   /   / Cm /   //
   And in the middle of negotia - tions, you break down.   I never give you my num-ber,
F   /   /   / Bb / /   / Eb   /   /   / Cm / D7   /   Gm   /   /// / F /
   I only give you my situa - tion.   And in the middle of inves-ti-ga - tions, I break down.
Bb /   /   / D7   /   /   / Gm /// Bb /   /   / Eb /   /   / F   /   / / Bb /// ////
   Out of col-lege, money spent, See no future, pay no rent, All the money's gone, nowhere to go.
Bb /   /// D7   /   /   / Gm   /   / Bb   /   / / Eb   /   /   / F   /   / / Bb /// ///
   Any jobber got the sack, Monday morning turning back, Yellow lorry slow, nowhere to go.
 / Ab /   /   /   Eb // /   Bb /// Ab / /   /   / Eb // /   Bb
But, oh, that mag-ic feeling,   nowhere to go. Oh, that mag-ic feeling,   nowhere to go.
 /   /   /   G / /   / A   /// Bb   /   /   D7   /   G ///
   One sweet dream,   pick up the bags, and get in the limousine.
Cm   /   F   /   Cm   /   F   /   G / /   / A   /   Bb / F
Soon, we'll be away from here, step on the gas and wipe that tear away. One sweet dream came true
 /   G // / Bb / F / G // /   Bb / F / G ///
Today.   Came true   today.   Came true   today.

You Won't See Me

JOHN LENNON and
PAUL McCARTNEY

CHORDS USED IN THIS SONG:

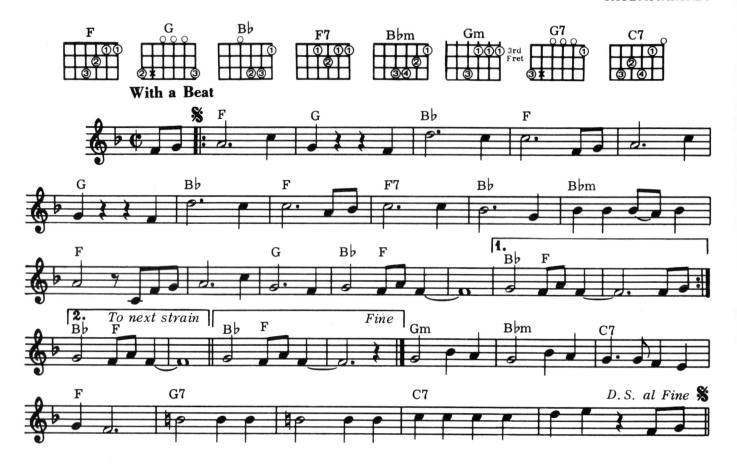

With a Beat

F // / G // / Bb // / F /// / /// G /// Bb // / F // / F7 //
When I call you up, your line's engaged. I have had enough, so act your age. We have lost

/ Bb // / Bbm / / / F // / / // G // / Bb / F / //// Bb / F /
The time that was so hard to find, And I will lose my mind if you won't see me. You won't see me.

//// / F // / G // / Bb // / F / / / // / G // / Bb // / F //
I don't know why you should want to hide. But I can't get through, my hands are tied.

/ F7 /// / Bb // / Bbm / / / F // / /// G // / Bb / F / //// /
I don't want to stay, I don't have much to say, But I can turn away and you won't see me.

Bb / F / //// Gm /// Bbm / / / C7 / / / F /// G7 / / / / /// C7 /
You won't see me. Time after time you refuse to even listen. I wouldn't mind if I knew what

// / /// / F // / G // / Bb // / F // / //// G // / Bb //
I was missin' Though the days are few, they're filled with tears. And since I lost you it feels

/ F // / / F7 // / Bb /// Bbm / / / F // / / /// G ///
Like years. Yes it seems so long girl since you've been gone, And I just can't go on if

Bb / F / //// Bb / F / / ////
You won't see me. You won't see me.

Your Mother Should Know

CHORDS USED IN THIS SONG:

JOHN LENNON and
PAUL McCARTNEY

Am   /   /   / F   /   /   / A7 /   /   / Dm   /   // G7   /   /   /
Let's all   get up and dance to a song that was a hit before   your mother was born.   Though she was born a

C   /   / / A7 /   /   / D7   / / / G7 /   /   / C   / / / E7   /   / /
long long time a go,   your mother should know,   You mother should know.   Sing it again.

Am   /   /   / F   /   /   / A7 /   /   / Dm   /   // G7   /
Lift up   your hearts and sing me a song that was a hit before   your mother was born.   Though she was

/   / C   /   / / A7 /   /   / D7   / / / G7 /   /   / C   / / / A7 /
born a long long time a go,   your mother should know,   Your mother should know.   Your

/   / D7   / / / G7 /   /   / C   / / / E7 / / / / / / / Am / / / F / / / Dm / / /
mother should know,   Your mother should know.

G7 / / / C / / / / / / /

You're Going To Lose That Girl

JOHN LENNON and
PAUL McCARTNEY

CHORDS USED IN THIS SONG:

C / / / E7 / / / Dm7 / / / G7 / / / C / / /
   If you don't take her   out tonight She's going to change her mind   And I will take her
E7 / / / Dm7 / / / G7 / / / C / / Am / / /
out tonight   And I will treat her   kind.   You're going to lose that girl,   You're going to
Dm7 / / / G7 / / / C / / / E7 / / / Dm7 / / /
lose   that girl.   If you don't treat her   right, my friend, You're going to find her gone,
G7 / / / C / / / E7 / / / Dm7 / / G7 / /
    'Cause I will treat her   right and then You'll be the lonely one.   You're going to
C / / Am / / / Dm7 / / G7 / / / Dm7 / / / Bb / / / /
lose that girl,   You're going to lose   that girl, You're gonna lose.   I'll make
/ / Ab / / / / Eb / / Ab / Eb / / / / / / / Ab
a point   of taking her away from you.   Yeah!   The way you treat her, What
/ / / / D / / / C / / / E7 / / / Dm7 / / G7 / / /
else can I do?   If you don't take her out tonight She's going to change her mind
C / / / E7 / / / Dm7 / / / G7 / / / C / / /
   And I will take her out tonight And I will treat her   kind.   You're going to lose that girl,
Am / / / Dm7 / / / G7 / / / Dm7 / / / Bb / / / C / / /
   You're going to lose   that girl, You're gonna lose   that girl.

You've Got To Hide Your Love Away

JOHN LENNON and
PAUL McCARTNEY

F / / C / / Eb / / F / / Bb / / / / / Eb / / Bb / / F / / C /
Here I stand with head in hand, Turn my face to the wall, If she's gone

/ Eb / / F / / Bb / / / / / Eb / / Bb / / C7 / / / / / / / / / F / / C / /
I can't go on Feeling two feet small. Ev'ry where

Eb / / F / / Bb / / / / Eb / / Bb / / F / / C / / Eb / / F / /
people stare Each and ev'ry day. I can see them laugh at me

Bb / / / / Eb / / Bb / / C7 / / / / / / / / / F / / / / Bb / / /
And I hear them say, "Hey, you've got to hide your love

/ Gm7 / / C7 / / Gm7 / / C7 / / F / / / / / Bb / / / / Gm7 / / C7 / / Gm7 / / C7 / /
away!" Hey, you've got to hide your love away!"

F / / C / / Eb / / F / / Bb / / / / Eb / / Bb / / F / / C / / Eb / / F / /
How can I even try? I can never win, Hearing them, see - ing them

Bb / / / / / Eb / / Bb / / C7 / / / / / / / / / F / / C / / Eb / / F / /
In the state I'm in. How could she say to me,

Bb / / / / / Eb / / Bb / / F / / C / / Eb / / F / / Bb / / / / / Eb / /
"Love will find away?" Gather 'round all you clowns. Let me hear you say,

Bb / / C7 / / / / / / / / / / F / / / / / Bb / / / / Gm7 / / C7 / / Gm7 / / C7 / /
"Hey, you've got to hide your love away!"

F / / / / / Bb / / / / Gm7 / / C7 / / Gm7 / / C7 / /
Hey, you've got to hide your love away!"

Printed in Great Britain by
Redwood Books, Trowbridge, Wiltshire

1/97(26930)

The Beatles: Music Books In Print

The Best Of The Beatles: Book 1
NO18541

The Best Of The Beatles: Book 2
NO18558

The Best Of The Beatles: Book 3 Sgt. Pepper
NO18566

The Best Of The Beatles : Book 4
NO18608

The Best Of The Beatles: Book 5
NO18616

Beatles Big Note: Piano/Vocal Edition
NO17428

Beatles Big Note: Guitar Edition
NO17402

A Collection Of Beatles Oldies: Piano Vocal Edition
NO17659

A Collection Of Beatles Oldies: Guitar Edition
NO18004

The Beatles Complete: Piano/ Vocal/Easy Organ Edition
NO17162

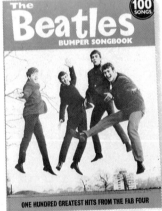

The Beatles Complete (Revised)
Re-engraved, revised edition of 'The Beatles Complete'. For piano/organ/ vocal, complete with lyrics and guitar chord symbols. Includes every song composed and recorded by the group. 203 songs, plus 24-page appreciation by Ray Connolly, lavishly illustrated with rare photographs.
Piano/Organ/Vocal Edition
NO18160
Guitar/Vocal Edition
NO18145

The Beatles Bumper Songbook
Full piano/vocal arrangements of 100 songs made famous by the Fab Four. Includes 'All You Need Is Love', 'Yellow Submarine', 'Lucy In The Sky With Diamonds' and 'Hey Jude', all complete with lyrics. 256 pages in all.
NO17998

The Concise Beatles Complete
NO18244

The Beatles Complete: Chord Organ Edition
NO17667

The Beatles Complete: Guitar Edition
NO17303

The Beatles: A Hard Day's Night
NO90542

Beatles For Sale
NO17584

The Beatles: Help
NO90541

The Beatles: Highlights
NO18525

The Beatles: Let It Be
NO90536

The Beatles: Love Songs
NO17915

The Beatles: Magical Mystery Tour
NO17600

The Beatles 1962-1966
NO17931

The Beatles 1967-70
NO17949

The Beatles: Revolver
NO90539

The Beatles Rock Score
Twelve numbers scored for groups. Perfect note-for-note transcriptions from the recordings for vocal and each instrument, in standard notation and guitar tablature. Includes drum line and lyrics.
NO18442

Rubber Soul
NO90540

The Singles Collection 1962-1970
NO90544

The 6 Chord Songbook
NO18418

The 6 Chord Songbook: Book 2
NO18517

20 Greatest Hits: Piano/Vocal Edition
NO18269

20 Greatest Hits: Easy Guitar
NO18277

White Album
NO90538

The Songs Of George Harrison
AM30990

The Great Songs Of George Harrison
AM37649

The Great Songs Of John Lennon
AM61854

KEYBOARD/PIANO SONGBOOKS

101 Beatles Songs For Buskers
Includes all their favourite songs in melody line arrangements, complete with lyrics and guitar chord boxes.
Piano/Organ Edition.
NO18392

Beatles Best for Keyboard
HD10029

The Complete Keyboard Player: The Beatles
NO18509

The Complete Piano Player Beatles
NO18806

Creative Keyboard Series: The Beatles
AM71911

Home Organist Library: Volume 9 Beatles Songs
NO18186

The Beatles. 100 Hits For All Keyboards
Special lay-flat, spiral-bound collection of favourite Beatles songs arranged for all keyboards – piano, electronic piano, organ and portable keyboards. With full lyrics.
NO18590

It's Easy To Play Beatles
NO17907

It's Easy To Play Beatles 2
NO90342

SFX-3: Beatles Hits
AM33093

SFX-16: Beatles Hits 2
AM39660

GUITAR

Beatles Guitar: Tablature
NO18798

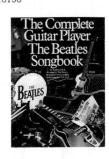

The Complete Guitar Player: The Beatles
NO18491

The Beatles For Classical Guitar
NO17444

The Beatles For Classical Guitar: Book 2
NO17782

Fingerpicking Beatles
AM30941

WIND INSTRUMENTS

Beatles For Recorder
NO18434

Greatest Hits For Harmonica
NO18673

Beatles: Themes And Variations: Clarinet
NO17873

Beatles: Themes And Variations: Flute
NO17865

Beatles: Themes And Variations: Trumpet
NO17881

Lennon & McCartney For Clarinet
NO17725

Lennon & McCartney For Clarinet
NO18764

Lennon & McCartney For Flute
NO18756

Lennon & McCartney For Saxophone
NO18772

Lennon & McCartney For Trumpet
NO17733

Lennon & McCartney For Trumpet
NO18780

Lennon & McCartney 60 Greatest For Trumpet
NO18715

GERMAN EDITIONS

Beatles Für Die Blockflöte
MG13582

Die Beatles Für Klassische Gitarre: Band 1
MG13202

OMNIBUS PRESS

The Beatles Apart
PRP10083

The Beatles Book
OP43439

The Complete Beatles Lyrics
OP42027

With The Beatles: The Historic Photographs Of Dezo Hoffmann
OP41961

Beatles: In Their Own Words
OP40419

Paul McCartney: In His Own Words
OP40047

Available from all good Music Shops.

In case of difficulty, please contact:
Music Sales Limited
Newmarket Road, Bury St. Edmunds, Suffolk IP33 3YB, England.
Telephone: 0284 702600. Fax: 0284 768301. Telex: 817845.